HISTORIQUE ∘ DE LA ∘ GUERRE

(De x-S .s)

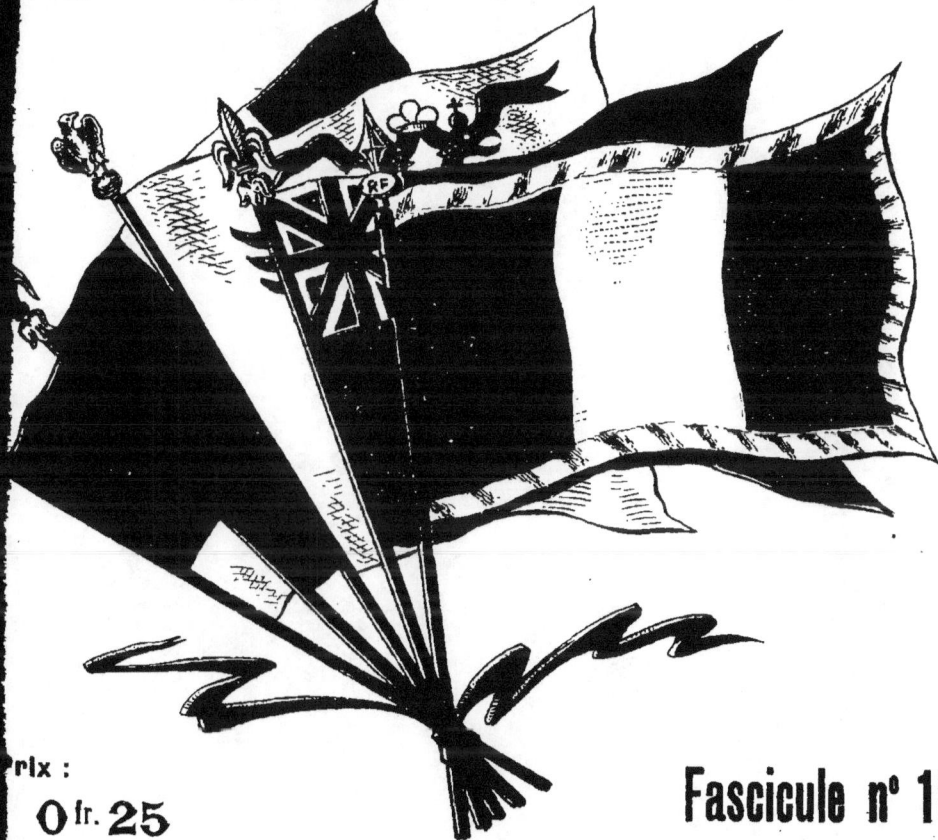

Prix :

0 fr. 25

°L⁴h

728

Fascicule n° 10

PAR

Ferdinand BAUDOUIN

Ancien Officier de Réserve
paix à Ruffec, Maire de Couture-d'Argenson (2-Sèvres)
Officier de l'Instruction Publique

HISTORIQUE

DE

LA GUERRE

PAR

Ferdinand BAUDOUIN

Ancien Officier de réserve,
Juge de Paix à Ruffec, Maire de Couture-d'Argenson,
Officier de l'Instruction Publique.

DIXIÈME PARTIE

Les Allemands réoccupent Chauvoncourt.
Des attaques allemandes sont repoussées à Hollebeke et aux
  Eparges.
Victoire russe à Karakilissa (Turquie d'Asie).
Une escadrille aérienne anglaise jette des bombes sur les han-
  gards à zeppelins à Friedrichshaffen (Allemagne).
Des navires anglais bombardent la station de sous-marins alle-
  mands à Zeebrüge (Belgique).
Bataille de Lodz (Russie).
Le port de Victoria (Cameroun Allemand) est occupé par les
  troupes franco-anglaises.
Nouveau bombardement d'Arras par les Allemands.
Attaques allemandes repoussées au sud de Dixmude.
Deux vapeurs anglais sont coulés dans la Manche par un sous-
  marin allemand.
Le ministère de la guerre français publie le « Livre Jaune ».
Evacuation de Belgrade par les Serbes.

 ○

NIORT

IMPRIMERIE TH. MARTIN

Rue Saint-Symphorien, 51

1915

HISTORIQUE DE LA GUERRE

20 NOVEMBRE 1914

Deux mortiers allemands de 165 sont retirés de l'eau à Ramscapelle. — Les Allemands réoccupent Chauvoncourt. — Un avion allemand jette deux bombes sur Hazebrouck. — Attentat contre la vie du sultan à Constantinople.

Situation des armées sur le front occidental

La neige tombe dans le Nord et l'inondation continue. Les attaques allemandes se font de plus en plus rares et l'artillerie elle-même semble se reposer. Ce nouvel état de choses provient sans nul doute des intempéries et d'un affaiblissement de l'ardeur des troupes germaniques. Un journal anglais expose ainsi la situation : « On ne peut plus se méprendre sur les intentions des Allemands. A mesure que faiblissent leurs attaques sur Dixmude, leurs lignes au sud d'Ypres et vers Soissons sont renforcées. La bataille de Sambre-et-Meuse commencera dès qu'aura été repoussée la dernière attaque sur Ypres. »

Ce même journal prétend que les Allemands se préparent à un grand effort sur l'Aisne et à une longue défense en Belgique sur la Sambre et la Meuse.

Ces prévisions paraissent sensées, si l'on tient compte de l'échec des Allemands dans le Nord et de la nécessité dans

laquelle ils vont se trouver de résister sur des points for-
tifiés à l'offensive des alliés. Quand se produira cette offensive ? Il est assez difficile de le prévoir, alors que nous
sommes entrés dans la saison des intempéries continuelles
et que nous aurons à occuper des pays dévastés où nous
rencontrerons à chaque pas des foyers d'infection. A Lille,
la fièvre typhoïde décime les troupes allemandes et dans
beaucoup de tranchées enlevées aux Allemands on a constaté une malpropreté repoussante, elles étaient remplies de
poux.

On signale en Belgique des mouvements de troupes allemandes ; 7.000 hommes du génie sont passés à Liége se
dirigeant vers Dixmude où ils doivent construire des ponts
au-dessus des plaines inondées. Des milliers de soldats,
surtout des fantassins bavarois, sont partis pour la Prusse
orientale. D'importantes forces de cavalerie ont quitté
Bruges et Gand pour Posen. Des troupes allemandes ayant
participé au siège d'Anvers sont envoyées en Alsace.

F. B.

Nouvelles diverses publiées par les journaux

— Le général allemand Voigts-Rhetz, chef d'état-major
depuis la maladie du général de Moltke, est mort subitement
d'une maladie de cœur. Il n'est pas encore remplacé.

— On annonce de Stockholm qu'une violente canonnade
a été entendue hier sur les côtes des îles Gothland, au nord
de Libau ; on croit à un combat naval dans la Baltique.

— Un torpilleur hollandais a capturé, hier, dans les eaux
hollandaises un bateau portant pavillon allemand, qu'on
suppose être un poseur de mines.

— En Prusse orientale et en Pologne russe les deux
grandes batailles se continuent avec un terrible acharnement de part et d'autre, principalement entre Soldau et
Neidenburg ; un télégramme de Pétrograd dit que, bien

qu'on ne puisse donner aucun renseignement précis, le succès semble assuré.

L'investissement de Cracovie continue, la place offrira, paraît-il, une résistance sérieuse avec 100.000 hommes de garnison et 1.000 pièces de canon.

— L'état-major de la marine russe communique que, le 18 novembre, un combat naval s'est engagé contre la flotte turque, comprenant le *Breslau* et le *Goeben*. Le *Breslau* s'est tenu à l'écart et n'a pas pris part au combat, mais le *Goeben* reçut une salve de coups de canon de 12 pouces qui provoqua à son bord de fortes explosions. Le combat dura 14 minutes et le *Goeben* disparut dans le brouillard. Le vaisseau amiral russe *Eustaphy* a reçu quelques avaries insignifiantes.

— LES CHIENS DE GUERRE. — Quand, en quittant Bœsinghen, on suit le canal d'Ypres à Furnes et qu'on remonte vers le Nord, on laisse à sa droite un bois qui est enclavé dans un triangle dont les côtés sont : à l'ouest, le canal de la route d'Ypres à Dixmude; au sud-est, la voie ferrée d'Ypres à Bruges, et, au nord, la route de Bixschootte à Longhemarcq.

Ayant été chassés de Bixschootte, les Allemands portèrent immédiatement tous leurs efforts sur le bois de Bœsinghen qui devait leur permettre de reprendre Bixschootte.

La nuit qui suivit la perte pour eux de ce dernier village, profitant de ce que nous n'avions laissé dans ce bois que des patrouilles et des sentinelles, ils essayèrent de les enlever les unes et les autres. Mais grâce à la présence de nos chiens de guerre, l'alarme fut donnée et nous leur abandonnions le bois de Bœsinghen, pour cette nuit, bien résolus à leur sonner le réveil en fanfare le lendemain matin.

Nous sommes au 14 novembre. Il est 5 heures du matin. Tous, cavaliers, fantassins et artilleurs sont prêts. Cependant, il ne fallait pas lancer tout un corps d'armée sur les quelques isolés, peut-être, qui avaient tué nos sentinelles.

Comment se renseigner sur la position et le nombre d'Allemands contenus dans le bois ? Les aéroplanes ne pouvaient être utilisés. Il ne fallait pas songer à la cavalerie, le bois est trop fourni. C'est alors que l'on utilisa nos chiens de guerre. Nous en avions cinq qui étaient alors dans le cantonnement en face de Dixmude.

Dès leur arrivée, les cinq chiens se placèrent en demi-cercle autour de leur caporal, s'assirent sur leur séant et le regard fixé sur lui attendirent en remuant légèrement la queue. Leur maître leur présenta des bérets et des casquettes allemandes qu'ils flairèrent. Puis, d'un geste, il leur indiqua le bois et leur dit : « Pas ailleurs. »

On leur mit à chacun un manteau fait de fougères et de fines branches d'arbres.

La tête elle-même était recouverte de verdure. La mâchoire et les yeux seuls étaient libres. Quand l'un d'eux se déplaçait, on aurait dit un petit buisson roulant la pente.

Le mot « Allez ! » fut prononcé. C'était le commandement du départ et tous les cinq partirent en ayant peine à comprimer des aboiements de joie.

Pell partit le premier, *Podge* le second, puis vinrent *Nurth, Bac* et *Riff.*

A la sortie du camp, on les vit d'un bond gagner la verdure, puis là, éparpillés, avancer lentement, tellement qu'il fallait ne pas les quitter des yeux pour les suivre. Si un instant on les perdait de vue, on ne les retrouvait plus.

Pour éviter le canal, ils gagnèrent le bois en suivant la voie ferrée. *Podge* passa aux pieds d'une sentinelle qui ne le vit pas.

Puis ils disparurent.

Une demi-heure après, *Bac* revint avec une casquette de fantassin portant le numéro du régiment. *Riff* rapporta le képi du colonel. *Nurth* revint avec un képi d'artilleur et *Podge* avec un képi de fantassin. Quant à *Pell,* il revint avec un képi français ensanglanté. Ils se rangèrent de nouveau en demi-cercle et attendirent. Leur maître traduisit ainsi le résultat des observations :

Il y a un régiment entier d'infanterie dans le bois, et il n'y en a qu'un, car voici le képi de celui qui commande : ce chien là, *Riff*, rapporte toujours le képi le plus galonné. Il n'y a guère que des fantassins, car *Podge* rapporte toujours la coiffure d'un des soldats dont l'arme est la plus nombreuse.

Il n'y a que très peu d'artilleurs, car je n'ai qu'un képi.

Enfin, un soldat français est blessé dans le bois, voici son képi ; *Pell* y conduira le service de santé.

Emerveillés, nos troupiers ne demandaient qu'à chasser les Boches de leur nouveau repaire. Cependant, le colonel du régiment français engagea prudemment ses hommes et endigua leur ardeur.

En une heure, le bois fut purgé d'ennemis, les 16 mitrailleuses et l'unique canon de 77 qui défendait le bois furent pris, et ce qui divertit fortement nos troupiers, ce fut la vue d'un officier allemand, gros, la figure rouge, qui semblait désemparé et qui, sans cesse, portait la main sur son crâne dénudé : c'était le colonel dont un de nos bons toutous avait ravi la coiffure. — (*Radical*, de Marseille.)

— FÉLICITATIONS DE L'AMIRAUTÉ BRITANNIQUE. — L'Amirauté a adressé aux armateurs du vapeur *Ortega*, qui transportait 300 réservistes français, une lettre leur exprimant combien elle apprécie la belle conduite de ce navire, dont le capitaine a échappé, dans le détroit de Magellan, à la poursuite d'un croiseur allemand.

L'*Ortega* venait de Valparaiso lorsqu'à l'entrée occidentale du détroit de Magellan surgit un croiseur allemand du type *Dresden*, dont la vitesse dépassait de 7 nœuds celle de l'*Ortega*, et qui se mit à poursuivre le vapeur.

Le capitaine de ce dernier commanda : « Des volontaires pour la chaufferie. » Les volontaires demandés vinrent aussitôt renforcer les mécaniciens et les chauffeurs, et, le torse nu, se mirent au travail avec tant d'énergie que le vieux vapeur *Ortega* passa de la vitesse de 14 nœuds à celle de 18 nœuds.

En même temps, le capitaine mettait le cap sur le détroit de Nelson, pendant que le croiseur lancé à sa poursuite ne cessait de tirer sur lui avec ses grosses pièces.

L'*Ortega* atteignit enfin le détroit de Nelson, dans lequel il entra sans avoir été atteint.

Le croiseur n'osa pas imiter la témérité du capitaine de l'*Ortega*, car le détroit de Nelson est très étroit, tortueux, encombré de récifs, bordé de falaises à pic et balayé par des courants violents. En un mot, il est l'effroi des navigateurs, qui ne s'y risquent jamais.

Le capitaine de l'*Ortega* a réussi à en sortir sans s'être fait même une éraflure.

C'est la première fois qu'un vapeur de 8.000 tonnes accomplit un pareil tour de force, sauvant ainsi, avec lui-même, les 300 réservistes français qu'il avait à bord.

Dépêches officielles

Premier Communiqué

La journée du 19 a été caractérisée par l'absence presque totale d'attaques d'infanterie ennemie et les attaques d'artillerie ont été beaucoup moins violentes que la veille.

Au Nord, le temps a été très mauvais ; il a neigé.

Toute la région du canal de l'Yser, à l'est de Dixmude, est envahie par l'inondation.

Devant Ramscappelle, on a retiré de l'eau deux mortiers de 165 abandonnés par les Allemands. Canonnade assez intense au sud d'Ypres.

Au centre, pas d'actions importantes à signaler. Dans l'Argonne, trois vigoureuses attaques d'infanterie ennemie ont été repoussées.

A notre aile droite, les Allemands ont réoccupé la partie détruite de Chauvoncourt.

Plus à l'est, nous avons fait quelques progrès.

Deuxième Communiqué

Aucun incident notable à signaler.

---

21 NOVEMBRE 1914

Deux attaques allemandes sont repoussées à Hollebeke. — Cinq attaques allemandes sont repoussées aux Eparges (Woëvre). — Des navires autrichiens et allemands sont saisis à Alexandrie.

Situation des armées sur le front occidental

— La situation sur le front, de la mer du Nord aux Vosges, ne s'est guère modifiée depuis deux ou trois jours. Les communiqués officiels et la correspondance particulière des journaux nous font connaître que les Allemands ont été chassés des positions qu'ils occupaient autour de Dixmude et du côté de Nieuport et que l'inondation les oblige à s'écarter de la rive du fleuve, que la rive gauche de l'Yser est complètement évacuée par l'ennemi. Il n'y a plus guère d'attaques d'infanterie, tout se résume à un duel d'artillerie. Est-ce là l'indice d'un abandon du plan allemand relatif à la marche sur Calais ? Quelques-uns le croient et prétendent que de grosses opérations vont commencer sur l'Aisne, avec Paris comme objectif ; le nouveau bombardement de Reims ne serait que le prélude de ces opérations. Ils ajoutent que pendant la bataille des Flandres, nous avons construit sur l'Aisne des retranchements formidables qui sont un obstacle infranchissable pour les Allemands.

D'autres prétendent que la marche sur Calais n'est pas abandonnée par l'état-major allemand et que le calme relatif dont nous jouissons en ce moment sera suivi de nouvelles et violentes attaques. Si on pouvait avoir confiance dans les nouvelles qui parviennent de Hollande, il faudrait s'attendre sous peu à un nouvel effort allemand entre l'Yser et la Lys, car elles nous disent que 80 gros canons ont été expédiés d'Essen sur Dixmude avec des sapeurs et des mécaniciens qui prétendent avoir le moyen de faire manœuvrer ces grosses pièces dans les terrains inondés. En outre, les officiers allemands déclarent confidentiellement que Calais sera occupé le 10 décembre. Quel que soit l'objectif allemand, Paris ou Calais, peu nous importe, il ne passera pas. Tel est l'avis unanime des tacticiens.

F. B.

Nouvelles diverses publiées par les journaux

— Les Anglais se sont servis, dans les récents combats dans le Nord, d'un nouveau canon dont les effets sont terribles. Ces nouvelles pièces ont, paraît-il, rasé des forêts entières au niveau du sol. Par leur emploi, il devient impossible à l'ennemi de se retrancher dans des bois épais. Les batteries françaises Rimaiho font aussi merveille.

— Un avion allemand a survolé Cassel, le 18 novembre, à midi; il a laissé tomber deux bombes près de l'Hôtel de Ville. On signale deux victimes.

— Dans les cercles militaires de Berlin, on évalue le total des pertes allemandes sur les deux fronts, en tués, blessés et manquants, à 1.250.000 hommes, auxquels il faut ajouter 500.000 malades.

— Un télégramme de New-York annonce que les Américains ont refusé de livrer aux Allemands 300 tracteurs automobiles qui devaient être expédiés par Copenhague.

— Le gouvernement américain a chargé son ambassadeur à Constantinople de demander une explication à la Porte au sujet des coups de canon tirés à Smyrne sur le *Tennessée.*

— On télégraphie de Pétrograd que c'est en Prusse orientale que la bataille est la plus furieuse; un régiment de cavalerie allemande, cerné, a été complètement détruit. Les troupes se battent à la baïonnette jusqu'à soixante heures sans interruption. En Pologne, une offensive sur Lodz a pleinement réussi, les Russes se sont emparés d'une batterie lourde et de dix mitrailleuses.

Cracovie est investie par le nord-est et le sud, seul le côté ouest est libre.

— Une dépêche de Londres annonce que le Sultan a été victime d'une tentative d'assassinat, les détails manquent. L'héritier du trône est impliqué dans le complot.

— Nos soldats s'amusent. — Les habitants de Mourmelon-le-Grand (Marne) furent, il y a quelques jours, vers 6 heures du soir, violemment émus par le bruit d'une soudaine canonnade.

La cause de cette alerte ? Nos soldats s'ennuyaient, voilà tout, à rester inactifs dans leurs tranchées, et ils avaient voulu se payer ce soir-là la tête des Boches terrés à quelques centaines de mètres. Ils avaient donc fabriqué plusieurs panneaux lumineux portant cette inscription :

« Nous avons du gigot, du champagne et des cigares. Venez donc les prendre, sales Boches. »

Puis, bien abrités, nos joyeux fantassins organisèrent une véritable retraite aux flambeaux.

Aussitôt, de la tranchée adverse, les Allemands, furieux, se mirent à tirer des feux de salves, auxquels se mêla bientôt la voix du canon ; le tout en pure perte, car nos soldats français, nés malins, s'étaient empressés, leur tour loué, d'éteindre prudemment les lampions pour éviter le repérage du feu de l'ennemi.

— LES ALLIÉS ONT LUTTÉ EN HÉROS. — Le correspondant de guerre du *Daily News* télégraphie :

« Dans cette longue série de combats de l'Yser, où les stratèges allemands durent chaque jour se plier à la stratégie des alliés, où les soldats luttèrent constamment homme contre homme, baïonnette contre baïonnette, les Anglais, les Français et les Belges, bien que souvent inférieurs en nombre, se sont battus comme des héros. Sans leurs efforts combinés à Nieuport, Dixmude, Ypres, La Bassée et Arras, *cette terrible bataille des Flandres, qui s'achève triomphalement*, n'aurait jamais pu être gagnée.

« Les Français font une guerre anonyme. S'il n'en était pas ainsi, vous sauriez que *dans des douzaines de combats aussi furieux que sanglants les Français se couvrirent de gloire et couvrirent de gloire leur pays*. Vous sauriez, par exemple, quelle brillante charge à la baïonnette accomplirent il y a deux jours, à Bixschoote, les zouaves français, charge dont le souvenir devrait être perpétué par une inscription sur leurs étendards.

« Les zouaves avaient remplacé nos troupes dans les tranchées à Bixschootte, et entre eux et les principales défenses allemandes au nord-est du canal d'Ypres se trouvait un bois. Les nôtres reçurent l'ordre d'emporter cette position, pour la possession de laquelle on avait lutté de longs jours. Ils y parvinrent après une charge admirable, et maintenant les alliés occupent une ligne absolument droite et considérablement renforcée le long de la principale route allant de Dixmude à Ypres.

« Il est une chose que je tiens à dire au peuple anglais : c'est que, de Belfort à la mer, les tranchées sont occupées par de pareils hommes de courage et de valeur indomptable, *méritant chaque jour des centaines de croix de Victoria et de la Légion d'honneur*. »

Dépêches officielles

Premier Communiqué

La journée du 20 a été, dans son ensemble, analogue aux deux précédentes.

En Belgique, notre artillerie a pris à Nieuport l'avantage sur celle de l'ennemi.

De Dixmude au sud d'Ypres, canonnades intermittentes de part et d'autre.

A Hollebeke, deux attaques de l'infanterie allemande ont été immédiatement repoussées.

De la frontière belge à l'Oise, rien à signaler.

Dans la région de l'Aisne et en Champagne, l'avantage pris par nos batteries sur les batteries ennemies s'est accentué, empêchant les Allemands de continuer la construction de tranchées commencées.

Dans l'Argonne, nous avons fait sauter des tranchées ennemies.

Du côté de Verdun et dans les Vosges, nous avons progressé, établissant en certains points nos tranchées à moins de 30 mètres des positions allemandes.

Deuxième Communiqué

La journée a été des plus calmes. Rien d'intéressant à signaler, sinon dans la Woëvre, aux Eparges, cinq attaques allemandes exécutées en masse dans l'espace de deux heures et arrêtées net par le tir de notre artillerie.

22 NOVEMBRE 1914

Bombardement de Ypres par les Allemands. — Victoire russe à Karakilissa (Turquie d'Asie).

––––––––––

Situation des armées sur le front occidental

Les communiqués officiels d'aujourd'hui nous disent que, sur la totalité du front, la journée d'hier a été calme. L'artillerie seule a donné ; nos batteries ont démoli quelques lignes de tranchées allemandes et l'artillerie ennemie a détruit les Halles et l'Hôtel de Ville d'Ypres.

Nous n'étions guère habitués, depuis de longs mois, à un semblable calme et chacun se demande ce qu'il peut bien signifier. Les uns prétendent qu'il faut voir là une modification du plan allemand et que l'état-major concentre ses forces entre Arras et Soissons. Les autres croient à une pénurie de munitions chez nos ennemis. D'autres, enfin, opinent pour l'épuisement momentané des forces ennemies; ceux-là attendent avec d'autant plus d'impatience que le général Joffre ordonne l'offensive générale, qu'ils sont tentés de croire le moment bien choisi. Notre généralissime doit connaître mieux que quiconque la situation de son terrible adversaire et il saura sans nul doute profiter en temps opportun de tous les avantages dont il dispose.

A signaler une opinion émise par le général Berthault dans le « Petit-Journal ». Il a la conviction que la retraite allemande commencera par la Champagne, puis par l'Aisne et non par la Belgique et le Nord de la France, comme on serait tenté de le croire. Attendons avec patience.

F. B.

Nouvelles diverses publiées par les journaux

— On signale de nombreuses désertions allemandes parmi les combattants de la Haute-Alsace.

— Le bombardement systématique de Pont-à-Mousson par les Allemands a commencé le 17 octobre et il se continue avec régularité, chaque jour quelques obus sont envoyés contre cette localité.

— Un avion allemand a survolé Soissons hier, cherchant à découvrir l'emplacement de nos batteries. Attaqué par un avion anglais, il eut son moteur brisé et il s'abattit sur Soissons.

— Un télégramme de Copenhague annonce que le prince Auguste Guillaume, 4e fils de l'empereur a eu une jambe cassée à la suite d'un accident d'automobile.

— Le gouvernement a autorisé la réouverture des théâtres sous certaines conditions. La principale est qu'une partie de la recette sera affectée aux œuvres de secours aux soldats et à celles d'assistance et de solidarité nationales.

— L'armée russe de Prusse orientale continue à progresser, celle de Pologne a complètement arrêté le mouvement offensif des Allemands entre la Wartha et la Vistule et a repris l'offensive. En Galicie, Cracovie est de plus en plus resserré. Le gouverneur de Przemysl aurait paraît-il demandé à capituler, à condition que la garnison serait autorisée à rejoindre, avec armes et bagages, l'armée autrichienne. Ces conditions ont été refusées et l'assaut général sera probablement ordonné fin décembre.

— Rien à signaler en Turquie d'Asie. L'émir de Boukhara a mis à la disposition du gouvernement une somme de 2.600.000 fr. pour les besoins de la guerre.

— Les autrichiens se sont servis dans leurs attaques contre les positions serbes d'un nouvel engin de guerre. C'est une espèce de Catapulte qui lance des barils remplis de pierres et d'explosifs suivant une trajectoire élevée. Cet engin est terrible, les pierres brisées s'étendent sur une assez grande étendue.

— Deux officiers allemands qui se rendaient à Smyrne ont été faits prisonniers, ils se trouvaient sur un voilier turc qui a été capturé par un cuirassé anglais.

— UN BEAU COMBAT AÉRIEN. — *Huit Aviateurs allemands tués.* — Un remarquable et angoissant combat aérien s'engagea le 18 novembre en Flandres et se termina par la victoire des avions alliés.

Le soleil s'étant inopinément mis à briller et le vent s'étant calmé, les aéroplanes, restés depuis quelque temps inactifs, commencèrent à réapparaître dans le ciel. Les premiers aperçus furent des allemands. Quatre tauben approchèrent ainsi les lignes alliées, volant à une très grande hauteur; mais ils furent rapidement rejoints par deux avions français et deux anglais.

Une lutte émouvante s'engagea alors qui fut certainement l'incident le plus tragique de cette journée. Les huit pilotes s'approchèrent les uns des autres, décrivant de larges arcs de cercle, tantôt longeant, tantôt s'élevant, essayant de s'envelopper mutuellement et de se placer dans une situation avantageuse pour ouvrir le feu. Pendant dix minutes, ces évolutions se poursuivirent, tandis qu'au-dessous les soldats des deux armées, haletants, suivaient des yeux ce duel terrible.

Les mitrailleuses crépitaient dans le ciel, mais sans succès apparent. Soudain, les quatre aéroplanes alliés abandonnant la lutte, prirent simultanément la fuite, volant parallèlement l'un au-dessus de l'autre, dans la direction de nos lignes. Les quatre avions allemands se précipitèrent aussitôt à leur poursuite à une vitesse fantastique. Quand ils comprirent qu'il s'agissait d'une ruse, il était trop tard : déjà une grêle d'obus, tirée par quelques batteries françaises habilement dissimulées, explosait autour d'eux. Les taubes avaient été attirés dans un piège et ne purent pas s'échapper.

En cinq minutes, les quatre avions ennemis étaient fracassés et tombaient devant les lignes anglaises. Les huit officiers et pilotes avaient été tués sur le coup.

Les aéroplanes alliés descendirent alors en vol plané, et leurs pilotes furent acclamés, on devine comment !

— L'HISTOIRE D'UN BILLET DE BANQUE. — Un Anglais s'est aperçu, il y a quelques mois, qu'il avait dans son portefeuille un billet de banque d'une livre sterling portant le numéro A 000.001, c'est-à-dire le premier billet de l'émission.

Vite il écrivit au *Times* pour lui faire part de sa constatation et pour lui dire qu'il était disposé à vendre ledit billet précieux pour une collection, au plus offrant et dernier enchérisseur, au profit de la souscription du *Times* en faveur de la Croix-Rouge.

Les enchères furent immédiatement ouvertes et le sont restées pendant huit jours.

Elles ont été closes mercredi à midi et le billet d'une livre sterling (25 fr.) a été adjugé à 135 liv. 13 sh. 5 d., soit trois mille trois cent quatre-vingt-onze francs et cinquante-deux centimes et demi.

Dépêches officielles

Premier Communiqué

La journée du 21 a été calme sur la totalité du front.

En Belgique, comme dans la région d'Arras à l'Oise, il n'y a eu que des canonnades intermittentes. Notre artillerie s'est montrée, en général, plus active que l'artillerie ennemie. Nos batteries ont réussi à démolir plusieurs lignes de tranchées allemandes. L'ennemi travaille d'ailleurs à en construire de nouvelles en arrière.

Journée calme également sur l'Aisne, en Champagne aussi bien qu'en Argonne, sur les Hauts-de-Meuse et dans les Vosges.

Deuxième Communiqué

Dans la journée du 22, violent bombardement d'Ypres qui a détruit les Halles et l'Hôtel de Ville.

Assez forte canonnade dans la région de Soissons et de Vailly.

Sur le reste du front, rien à signaler.

---

23 NOVEMBRE 1914

Le sous-marin allemand « U-18 » est coulé par un navire anglais, au nord de l'Ecosse. — Une escadrille aérienne anglaise jette des bombes sur les hangars à zeppelins à Friedrichshaffen (Allemagne).

Situation des armées sur le front occidental

La journée d'hier a été marquée par une recrudescence de l'activité allemande dans l'Argonne, les attaques ont été empreintes d'une extrême violence, mais elles ont été repoussées sans cependant qu'aucune avance de notre part soit signalée dans cette région. Ce résultat démontre suffisamment que notre état-major a su prendre des dispositions stratégiques qui nous permettent de résister sur n'importe quel point du front à une attaque allemande. C'est d'un bon augure pour l'avenir.

Sur Reims, Soissons et Ypres, la canonnade ennemie a été particulièrement violente. A Ypres, le clocher, la cathédrale, les halles et de nombreuses maisons ont été incendiées. Cela ne prouve nullement une infériorité de notre artillerie, nous prenons au contraire depuis le début de la campagne une supériorité incontestable. Notre canon de 75 est toujours incomparable et nos canons à longue portée sont beaucoup plus nombreux qu'au commencement de la guerre.

F. B.

Nouvelles diverses publiées par les journaux

— Le 19 novembre, les Allemands ont bombardé et incendié le château de Soupir, qui avait été transformé en ambulance ; ce château, qui renfermait de nombreux objets d'art, est situé à 6 kilomètres de Vailly-sur-Aisne.

— Les alliés continuent à harceler les Allemands dans la région du Nord; le 18 novembre, ils se sont emparés d'un train de matériel dans la région d'Ypres. Le même jour, deux avions allemands qui survolaient la ville d'Armentières ont été abattus à coups de canon.

— Un télégramme de Copenhague au *Daily Mail* annonce que les troupes bavaroises de Belgique vont être transportées sur le front est en vue de refréner l'esprit d'indiscipline dont elles font preuve.

— Le 9ᵉ corps d'armée, commandé par le général Dubois, vient d'être cité à l'ordre du jour de l'armée pour la ténacité dont il a fait preuve au cours des combats qui se sont déroulés sans interruption du 21 octobre au 13 novembre.

— Un communiqué de l'état-major russe fait connaître que le combat entre la Vistule et la Wartha continue avec un acharnement extrême, et il ajoute modestement : nous avons réalisé quelques succès partiels ; mais un télégramme adressé le même jour au journal le *Matin* dit : « Je crois être en mesure de vous annoncer que les Russes, après avoir enrayé, il y a trois jours, la contre-offensive allemande sur le front Plock-Leczyca, viennent de remporter de ce côté une victoire brillante et décisive. L'ennemi, qui a subi des pertes sensibles, fuit vers la frontière, tout un régiment allemand s'est rendu aux vainqueurs. » Si cette nouvelle est exacte, nous ne pouvons que nous réjouir de ce beau succès auquel nous sommes directement intéressés.

— En Turquie d'Asie : Les Anglais ont débarqué à Jaffa. Un combat a eu lieu en Egypte, entre les avant-postes turcs et le corps de méharistes de Bikanir. L'attaque des Turcs contre la presqu'île de Sinaï a complètement échoué. L'escadre franco-anglaise croisant près des Dardanelles a bombardé des torpilleurs turcs. Les navires de commerce allemands et autrichiens, qui s'étaient retirés à Port-Saïd et Suez, ont dû s'éloigner du canal; ils ont été capturés par les autorités anglaises d'Alexandrie ; ils sont au nombre de quinze.

— Un télégramme de Rome annonce que l'Italie montre une certaine inquiétude au sujet de ses possessions de Cyrénaïque et de Tripolitaine, qui n'ont pas été complètement soumises depuis qu'elles ont été enlevées à la Turquie.

Documents historiques, récits et anecdotes

— Sur la ligne de l'Yser. — *Un train blindé mitraille les pontonniers allemands.* — Le 19 novembre, à 7 heures, une canonnade soudaine éclatait à l'est de Nieuport. C'étaient les batteries ennemies de Schoore qui tiraient à toute volée contre nos avant-postes de Ramscapelle. Ce bombardement insolite était-il effectué pour préparer une avance de l'infanterie le long des chaussées que leurs remblais avaient mises à l'abri de l'inondation ? La chose était peu probable, car la folie de l'adversaire ne pouvait aller jusqu'à engager des colonnes en plein lac, sur des chemins étroits où une simple auto-mitrailleuse suffisait à arrêter une armée.

A 9 heures, le bruit du canon se faisait entendre à notre gauche. L'artillerie allemande tonnait bientôt sur toute la ligne, de Nieuport à Dixmude. Ce bombardement devait faciliter l'exécution d'une offensive nouvelle. Tandis que nos avions survolaient les lignes prussiennes, des équipes de fusiliers marins glissaient à l'aide de bachots au-dessus de la plaine inondée. Mais ces reconnaissances restaient infructueuses. Aucun mouvement d'infanterie au nord du canal. Les batteries lourdes continuaient toujours d'ailleurs sans grands résultats : les obus tombaient trop court dans l'eau, faisant jaillir des colonnes liquides. Nos 75, cependant, s'aventurant sur les chaussées, parvenaient à se rapprocher de l'ennemi, tiraient des bordées efficaces ; puis, sitôt menacés d'un repérage dangereux, se défilaient hors d'atteinte. Vers midi, un aéro anglais réussissait, à l'aide de bombes, à anéantir tous les servants d'une batterie allemande postée au nord de Roittevalle.

Ce duel d'artillerie se prolongeait tout le jour sur tout le front, et cela sans résultats très appréciables ni pour un côté ni pour l'autre. Vers la fin de l'après-midi, une nouvelle d'importance parvenait au quartier des alliés. A la faveur de la canonnade, une colonne d'infanterie ennemie s'était glissée à l'ouest de Dixmude, traînant après elle un équipage insolite. Un de nos avions confirmait la présence des Allemands sur ce point. Les équipages étaient constitués par un matériel considérable de pontonnerie. La colonne n'était autre qu'un régiment de génie prussien et son avance ne tendait à rien moins qu'à jeter un pont au-dessus de la plaine inondée.

Mais l'éveil avait été donné, et déjà un train blindé belge arrivait de Furnes à toute vapeur. La ligne ferrée longeait la chaussée où le génie allemand s'était mis à l'ouvrage. La nuit tombait. Les batteries adverses tonnaient toujours, avec le but évident d'étouffer le bruit des marteaux des pontonniers. Quand la canonnade cessait quelques secondes, on entendait distinctement le choc des pilons en travail sur les piles de bois.

Parvenu à 2 kilomètres à l'est de Dixmude, le mécanicien du convoi belge avait renversé la vapeur. Le train blindé maintenant, glissait lentement dans l'ombre vers l'ennemi.

Soudain, un projecteur troua de ses rayons le brouillard, éclairant en plein la rive opposée et le régiment prussien. En même temps, une pluie de schrapnells s'abat sur les Allemands. Les pontonniers, massés sur la chaussée, ne peuvent fuir vers le nord, car ils ont le lac à dos. Ils veulent se défiler vers l'est, mais la voie ferrée est parallèle, et le train les poursuit. Les mitrailleurs belges pivotent avec précision, suivant de leurs canons les Prussiens dans leur fuite. Les projectiles ricochent sur l'eau, s'enfoncent dans le sol mou des remblais, atteignant les hommes aussi. C'est l'affaire d'un quart d'heure. Quand le projecteur éclaire à nouveau la rive, plus une ombre n'est debout. Tous les pontonniers du régiment ont péri mitraillés ou noyés.

— EXPLOIT DE ZOUAVES. — Dans un des derniers engagements de Belgique, une colonne allemande, poussant devant elle des zouaves prisonniers, se portait à l'attaque d'un pont défendu par des zouaves qui la mitraillaient violemment. L'officier français commandant la défense ne voulant pas atteindre des camarades, cria à ses hommes : « Cessez le feu ! » et les mitrailleuses s'arrêtèrent. On vit alors un des zouaves prisonniers s'avancer en criant : « Mais tirez donc, N. de D...! » La décharge l'étendit sur le sol, ainsi qu'une grande partie de la colonne allemande.

Si le nom de ce héros est ignoré, le fait d'armes est digne des plus glorieux soldats qui illustrèrent le corps des zouaves.

Dépêches officielles

Premier Communiqué

La journée d'hier a été marquée par de violentes canonnades. L'ennemi a dirigé particulièrement ses coups sur Ypres, dont le clocher, la cathédrale, les halles et de nombreuses maisons ont été incendiés, sur Soissons et sur Reims.

Dans l'Argonne, la journée a été très chaude. L'ennemi a prononcé des attaques très vives qui ont été repoussées.

En Woëvre et dans les Vosges, la situation est sans changement.

Deuxième Communiqué

Aujourd'hui, comme hier, canonnades dans le Nord, du côté de Soissons et de Reims.

Dans l'Argonne, violentes attaques des deux parts sans résultats.

---

24 NOVEMBRE 1914

Attaques allemandes repoussées vers le Four-de-Paris. — Des navires anglais bombardent la station de sous-marins allemands à Zeebrugge (Belgique). — Commencement de la déroute allemande, bataille de Lodz. — Les Hindous se distinguent et enlèvent des tranchées allemandes vers La Bassée. — Manifestations en faveur de la Triple-Entente à Bucarest (Roumanie).

Situation des armées sur le front occidental

C'est encore dans l'Argonne qu'hier s'est manifestée l'activité ennemie, toutes les attaques ont été repoussées et nous avons gagné du terrain dans la région du Four-de-Paris ; sur tout le reste du front, dit le communiqué, on ne signale que des combats d'artillerie. Ce calme relatif ne paraît pas d'un très bon augure et laisse présumer des préparatifs allemands sur un point quelconque du front. Un journal anglais prétend même qu'une grande et décisive tentative d'atteindre Calais sera faite par les Allemands d'ici peu de jours. Les nouvelles forces rassemblées dans les Flandres, sous le commandement du duc de Wurtemberg, sont très importantes, elles ont reçu au moins 80.000 hommes de renfort et 200 canons, la plupart de 320 millimètres. C'est probablement le dernier effort que vont tenter les Allemands avant l'hiver.

Il n'est question depuis quelques jours que de l'intervention dans le conflit d'un certain nombre d'Etats qui, jusqu'ici, ont gardé la neutralité. On s'attend donc, d'ici peu de temps, à ce que de graves décisions soient prises dans l'Europe méridionale et orientale. Le *Petit Journal* se félicite même de ce qu'une intervention japonaise ne paraisse plus rencontrer auprès de certains Etats la même hostilité qu'au début de la guerre.

F. B.

Nouvelles diverses publiées par les journaux

— L'amirauté anglaise fait connaître officiellement que le 23 novembre, au nord de l'Ecosse, le sous-marin allemand *U-18* a été coulé par un navire de guerre anglais qui l'a éperonné. L'équipage a été sauvé par le contre-torpilleur *Garrys*.

— Le 21 novembre, trois aéroplanes anglais, partis de France, ont survolé les ateliers de construction de zeppelins à Friedrichshafen. Les trois pilotes, après avoir lancé des bombes qui parurent avoir causé de sérieux dommages, essayèrent de regagner les lignes françaises. Un des appareils fut détruit et l'officier qui le montait fait prisonnier. C'est un des plus beaux raids aériens qui aient été tentés — près de 400 kilomètres, dont la moitié en territoire ennemi.

— Il se confirme que les Allemands ont éprouvé une grande défaite entre la Vistule et la Wartha, leur armée serait en pleine déroute. En Prusse orientale, les troupes russes attaquent Tilsitt, Laugszargen et Jabugo. L'investissement de Cracovie continue.

Documents historiques, récits et anecdotes

— Le *Bulletin des armées* du 25 novembre donne, ainsi qu'il suit, le compte rendu officiel des opérations en Flandre du 30 octobre au 3 novembre :

« A l'heure où des résultats sont nettement acquis, le moment est venu d'établir le bilan des six dernières semaines. Il peut se résumer ainsi : le formidable effort tenté par les Allemands pendant cette période, d'abord pour tourner notre gauche, ensuite pour la percer totalement, a échoué.

« Par cet effort, l'ennemi a essayé de réparer sa défaite de la Marne ; il n'a fait qu'ajouter un échec à son échec de septembre.

« Cependant, pour nous déborder suivant sa vieille méthode, l'état-major allemand n'avait rien négligé ; sur la partie du front qui s'étend de la Lys à la mer, il avait massé, du début d'octobre au début de novembre, quatre corps de cavalerie et deux armées comprenant ensemble près de quinze corps d'armée.

« Les chefs : Kronprinz de Bavière, général de Fabeck, général de Diemling, duc de Wurtemberg, pour exalter le moral des troupes, ont multiplié les appels et les exhortations.

« Au surplus, l'empereur est là pour animer ses soldats de sa présence. Il a annoncé qu'il veut entrer à Ypres le 1er novembre, et tout est préparé pour qu'à cette date soit proclamée l'annexion de la Belgique ; en somme, tout est prévu, sauf la victorieuse résistance des armées alliées.

« Pour rendre la résistance possible, nous avons dû opposer à l'ennemi des forces sinon égales aux siennes, du moins suffisantes. Or, quelle était au commencement d'octobre la situation ?

« L'armée belge sortait d'Anvers intacte, mais trop éprouvée pour pouvoir participer à une manœuvre; l'armée anglaise quittait son front de l'Aisne pour aller opérer dans le Nord ; mais transports et débarquements exigeaient de longs délais ; l'armée du général de Castelnau ne dépassait pas par sa gauche le sud d'Arras ; l'armée du général de Maud'huy s'étendait de ce point au sud de Lille ; plus loin, nous avions de la cavalerie, des territoriaux, des fusiliers marins.

« Ce n'était pas assez pour que le général Foch, appelé par le général Joffre au commandement des armées du Nord, pût briser la volonté de l'ennemi. Des renforts lui furent donc envoyés. Ce fut pendant trois semaines le règne du chemin de fer et de l'automobile. Nuit et jour, des troupes roulèrent. Elles arrivèrent à temps. Divisions et corps d'armée, moins nombreux que ceux de l'ennemi, mais animés d'un admirable esprit, s'engagèrent à peine débarqués. Un mois durant, ils furent au front.

« Vers le 30 octobre, ce front se déterminait ainsi. De Nieuport à Dixmude, une de nos divisions d'infanterie et nos marins tenaient la ligne du chemin de fer, tandis que l'armée belge se réorganisait en arrière, au sud de Dixmude, nous étions installés sur le canal ; puis, notre ligne s'éloignait vers l'Est, dessinant, en avant d'Ypres, un vaste demi-cercle occupé par quatre corps d'armée français et par un corps anglais.

« La ligne descendait ensuite vers le sud de Messines à Armentières, formant deux secteurs tenus, le premier par le reste de l'armée anglaise, le second par nous.

« L'attaque allemande tendit d'abord à enlever Dunkerque, à atteindre Calais et Boulogne, à nous envelopper, à couper les communications directes de l'armée britannique avec la mer. Toute l'artillerie lourde amenée d'Anvers était là, prête à s'employer à nouveau.

« Dès le 3 novembre, l'attaque était repoussée. Du chemin de fer, nous marchions vers l'Yser, refoulant l'ennemi qui avait réussi à passer sur la rive gauche, noyant ses arrièregardes sous l'inondation. On peut voir encore, près de Ramscapelle, les canons allemands enfoncés dans la boue et les cadavres à demi submergés.

« Affolé, l'ennemi ne pouvant tourner, essaya de percer, et ce fut la bataille d'Ypres, bataille furieuse, acharnée, où l'armée allemande lança ses unités par masses profondes, sans souci des pertes, sacrifiant tout au but, pourvu que ce but fut atteint.

« Il ne l'a pas été. Pendant près de trois semaines, nous avons subi des assauts répétés, précipités, frénétiques, tous ont été repoussés.

« Notre front, avec sa forme circulaire, n'était pas facile à tenir, nous l'avons cependant conservé.

« Le 30 octobre, les troupes anglaises, la cavalerie notamment, avaient dû reculer de quelques centaines de mètres devant l'effort puissant de l'ennemi ; nos troupes contre-attaquant en même temps que celles de nos alliés ont rétabli la barrière inviolable qui fermait les accès d'Ypres.

« Ce qu'ont fait là nos corps d'armée, en union étroite avec le corps anglais qu'ils encadraient, est digne des plus belles pages de l'histoire militaire.

« Le 12 novembre, l'ennemi avait réussi au nord d'Ypres à passer le canal sur deux points : le 13, il était rejeté sur l'autre rive. Le 12 novembre aussi, il avait gagné quelque terrain dans la région au sud d'Ypres : ce terrain a été repris.

« Le 15, ses attaques se ralentissaient et notre position, déjà forte, devenait inexpugnable.

« Ce résultat a été obtenu par l'armée de Belgique, sous les ordres du général d'Urbal, avec la participation des armées des généraux de Maud'huy et de Castelnau, ces trois armées constituant le groupe d'armées du général Foch.

« Les deux dernières ont brillamment contribué à notre succès, en repoussant toutes les attaques dirigées contre elles et en enlevant, de l'Oise à la Lys, plusieurs positions importantes.

« Le concours décisif que nous avons apporté en cette circonstance aux troupes anglaises a profondément scellé la fraternité d'armes entre les alliés.

« L'énergie enfin de notre résistance a rendu confiace à l'armée belge qui, réorganisée sur son propre sol, est maintenant prête aux combats de demain.

« Les pertes des Allemands ont été considérables. Elles dépassent certainement 120.000 hommes. Dans certaines tranchées, d'une longueur de 1.200 mètres, on a trouvé plus de 2.000 cadavres, et l'on sait cependant que les Allemands, toutes les fois qu'ils le peuvent, enlèvent leurs morts du champ de bataille.

« Des pertes aussi grandes s'expliquent, d'ailleurs, par une circonstance particulière. Si, pendant trois semaines, les Allemands ont attaqué en masses profondes, c'était la conséquence forcée de la constitution récente de plusieurs de leurs corps d'armée.

« La nombreuse artillerie que nous avions groupée au sud d'Ypres ouvrit dans ces masses des brèches sanglantes.

« Tout cela marque l'importance de notre succès ; sa grandeur prend une signification singulièrement frappante, si l'on songe que les Allemands eux-mêmes ont toujours regardé la percée sur Ypres comme décisive.

« En brisant leur offensive nous leur avons infligé la plus humiliante des réceptions. Nous avons, d'autre part, obtenu des résultats dont il n'est pas inutile de signaler l'importance.

« Les voici : l'armée belge étant rejetée hors de son territoire, Guillaume II non seulement réalisait son projet de proclamer à Ypres l'annexion de la vaillante nation, mais il était autorisé à se glorifier de l'anéantissement de l'un au moins de ses adversaires; cette double satisfaction lui a été refusée.

« Si Dunkerque, Calais et Boulogne avaient été pris, l'Angleterre eût été gênée dans ses communications avec son armée du continent.

« La France enfin, en maintenant inviolable de la mer à Arras le front de ses armées, a pris contre un retour offensif de l'ennemi sur Paris la meilleure et la plus efficace des garanties.

« Ainsi se précise la portée de notre succès.

« Après que notre victoire de la Marne eut au milieu de septembre obligé les armées allemandes à une retraite précipitée, celles-ci cherchèrent aussitôt à reprendre l'avantage, et toujours en débordant notre gauche. Nulle part elles n'y réussirent.

« Pendant ce temps, au contraire, nous parvenions à étendre cette gauche jusqu'en Belgique et la portion jusqu'à la mer. Nous l'avons ensuite maintenue inviolable sur la ligne où nous l'avions conduite.

« Le succès remporté dans les Flandres et dont les troupes françaises ont porté le poids principal, est donc la continuation, le prolongement et la consécration de la victoire de la Marne.

« La gloire de ce succès revient à nos chefs et à nos soldats. Il est désormais démontré, par les faits, que notre commandement lit dans le jeu du commandement allemand, qu'il est prêt partout et toujours, non seulement à la parade, mais encore à la riposte.

« Si satisfaisantes que soient ces constatations, elles n'épuisent pas cependant nos motifs de confiance, car, à ce progrès de nos armées correspond le progrès des armées russes, lequel s'est accentué à partir du 3 novembre.

« Aux portes de Cracovie et de Kalisch, nos alliés commencent à peser maintenant d'un grand poids dans la balance des forces.

« C'est par là qu'il faut conclure, car c'est par là que se caractérise en pleine lumière, l'échec du plan allemand. Ce plan, celui de von der Goltz, de Bernhardi, de Falkenhayn, c'était, on l'a rappelé souvent, d'écraser la France en trois semaines et de se retourner contre la Russie.

« Or, voici que touche à la fin le quatrième mois de la guerre, et la France n'est pas écrasée.

« Tout au contraire, elle n'a, depuis le 6 septembre, enregistré que des succès, malgré l'accumulation réalisée contre elle d'une masse de troupes représentant plus de cinquante corps d'armée.

« Ces cinquante corps d'armée, il faut le dire et redire, — car telle est la vérité, et cette vérité est notre honneur, — qu'ils sont tous encore devant nous; quinze corps d'armée allemands réunis à la presque totalité des forces autrichiennes, font face à la Russie.

« On ne saurait trop répéter que, depuis le 6 septembre, la masse formidable qui nous assaille n'a pu, quelle que soit sa valeur, nous faire fléchir nulle part; bien au contraire, sur beaucoup de points, elle a reculé sous la poussée de notre effort. »

Dépêches officielles

Premier Communiqué

D'une façon générale, la situation n'a subi aucune modification dans la journée du 23 novembre.

Sur la plus grande partie du front, l'ennemi a manifesté surtout son activité par une canonnade intermitente moins vive que dans la journée précédente.

Çà et là, cependant, quelques attaques d'infanterie toutes repoussées. Toutefois, comme d'habitude, ces attaques ont été particulièrement violentes dans l'Argonne, où nous avons gagné du terrain dans la région de Four-de-Paris.

Rien à signaler entre l'Argonne et les Vosges; la brume très épaisse a d'ailleurs gêné les opérations.

Bon état sanitaire des troupes.

Deuxième Communiqué

Journée relativement calme. Canonnades intermittentes sur le front. Quelques attaques dans l'Argonne, toutes repoussées d'ailleurs.

25 NOVEMBRE 1914

Les Allemands sont refoulés vers Langemarck et Zonnebeke (Belgique). — Attaque allemande repoussée à Béthincourt (nord-ouest de Verdun). — Bombardement de Arnaville (au nord de Pont-à-Mousson) par les Français. — Le port de Victoria (Cameroun allemand) est occupé par les troupes franco-anglaises.

Situation des armées sur le front occidental

Il semble résulter de divers renseignements fournis par la presse que c'est dans la région d'Ypres que sont concentrés les renforts reçus par les Allemands en hommes et en canons ; quelques batteries ont cependant été placées derrière les dunes, vers Zeebrugge, protégeant ainsi les positions allemandes de la mer du Nord contre les attaques de la flotte. Malgré les dispositions prises par l'ennemi, il est assez difficile de se faire une idée sur les projets allemands en ce qui concerne le nouvel effort préparé contre nous. Notre état-major est sans aucun doute bien renseigné et il est de toute évidence qu'il a profité des quelques jours d'accalmie qui viennent de s'écouler pour renforcer les lignes sur lesquelles pourrait se porter l'effort allemand. Les alliés ont la conviction absolue que, même avec leurs renforts en hommes et en artillerie, l'attaque allemande est vouée à un nouvel échec.

Le communiqué officiel de 3 heures nous signale, pour la journée d'hier, une violente attaque allemande à Béthincourt, au nord-ouest de Verdun, attaque désastreuse pour l'ennemi puisqu'il a demandé, ce qui lui a du reste été refusé, une suspension d'armes pour enterrer ses morts.

Entre temps, et afin de ne pas abandonner leur œuvre de destruction, les Allemands bombardent toujours Reims et Soissons.

F. B.

Nouvelles diverses publiées par les journaux

— Il se confirme que, par suite d'une collision, le contre-torpilleur allemand *S-124* a été coulé par un vapeur danois à l'entrée méridionale du Sund.

— Deux cuirassés anglais ont bombardé, le 24 novembre, tous les points de la région de Zeebrugge ayant une importance militaire. Les résultats ne sont pas encore connus mais ils doivent être désastreux pour les Allemands qui voulaient établir à Zeebrugge une base navale et qui y avaient concentré un matériel important. On parle de six sous-marins détruits.

— En Prusse orientale, le désastre allemand est plus considérable qu'on ne l'avait supposé. D'après les dernières informations officieuses, l'armée allemande, forte de quatre cent mille hommes, qui envahissait la Pologne, a été coupée en plusieurs tronçons, un de ces tronçons essaie de remonter en toute hâte vers le Nord avec l'espoir de rejoindre l'armée de Soldau qui a reçu ordre de se porter à son secours ; un autre tronçon se dirige vers le Sud, mais les forces russes sont suffisamment importantes pour ne pas les laisser échapper. Le grand-duc Dimitri, fils du grand-duc Paul Alexandrovitch, oncle du tsar, a été grièvement blessé au cours d'un combat de cavalerie, sur la Wartha.

— En Turquie d'Asie, l'avance russe se poursuit sur Erzeroum.

— Les troupes anglaises ont occupé, le 23 novembre, la ville de Bassorah, en Mésopotamie.

— Un télégramme annonce que les Serbes luttent héroïquement contre les effectifs énormes de l'armée autrichienne qui veulent envahir leur territoire; ils comptent résister à leurs ennemis jusqu'à ce que les Autrichiens aient à faire face sur un autre front.

— On parle plus que jamais de l'intervention de quelques puissances neutres dans le conflit actuel. La Bulgarie vient d'ordonner la mobilisation d'une nouvelle armée de 100.000 hommes, ce qui porte son effectif de mobilisation actuel à 300.000 hommes. Le Parlement portugais vient de voter une loi permettant au pouvoir exécutif d'intervenir militairement dans le conflit européen, et quand il jugerait le moment opportun.

Documents historiques, récits et anecdotes

— Un haut fait d'armes du caporal Philip, de l'infanterie coloniale. — Parmi les glorieux faits d'armes dont cette guerre abonde, il en est un qui mérite une mention spéciale. Il a été accompli par un de nos braves « Marsouins », le caporal Philip, du 24e colonial, originaire de la commune de La Cabanasse, dans les Pyrénées-Orientales.

Le caporal Philip s'était déjà signalé par sa bravoure en maintes circonstances, notamment au cours d'un rude combat où, sous une terrible fusillade, il releva et sauva son lieutenant, grièvement blessé, que les Allemands allaient achever. Cette prouesse ne lui suffisait pas.

Un jour, son colonel, désireux d'être exactement renseigné sur les forces ennemies, manda Philip, et lui désignant une crête, située à proximité d'une tranchée, que les Allemands étaient en train d'établir, il lui commanda de s'y rendre, la nuit venue, avec 25 hommes et d'y observer jusqu'au matin les mouvements des Teutons. La mission était des plus périlleuses, et l'officier supérieur ne cacha pas à son subordonné que c'était sa vie et celle de ses compagnons qu'il allait risquer.

— C'est pour la France, mon colonel, répondit simplement Philip. La mort ne me fait pas peur.

Après avoir choisi 25 lurons de sa trempe, le vaillant

caporal parvient, sans encombre, au sommet de la crête. Il voit, à quelques pas de lui, des soldats du génie creusant activement la terre, tandis qu'une sentinelle fait les cent pas. Philip a tôt fait d'élaborer son plan. Il fait cacher ses hommes dans un petit bois, avec ordre de ne pas bouger, quoi qu'il arrive ; puis, suivi d'un seul de ses camarades, il s'avance vers l'ennemi.

— Tu vas, dit-il à son ami, te porter sur la gauche, près du factionnaire. J'en ferai autant de mon côté... Quand le « Boche » criera « Wer da ? », tu feras du bruit avec ta baïonnette, de façon à ce que la sentinelle se tourne de ton côté. Ce sera alors à moi d'agir. Surtout pas un mot, pas un geste, quoi que tu voies, quoi que tu entendes. Couche-toi et fais le mort en attendant mes ordres.

La consigne fut fidèlement exécutée. Lorsque le factionnaire se retourna au bruit fait par le colonial, Philip bondit sur lui, le tua en lui passant sa baïonnette au travers du corps et, revêtant à la hâte manteau et casque de l'ennemi mort, notre caporal monta la garde à sa place.

Les soldats allemands ne se sont aperçus de rien. Leur travail terminé, ils retournent à leur cantonnement, laissant la tranchée sous la seule surveillance de notre « marsouin ». C'est ce qu'attendait Philip. Il appelle ses camarades, s'installe avec eux, dans l'abri creusé par le génie et quand, au petit jour, une compagnie bavaroise arrive pour prendre possesion de l'ouvrage, elle est accueillie par un feu de salve des plus meurtriers. Pris de panique, les ennemis se sauvent, dix-huit se constituent prisonniers. Au bruit de la fusillade, le 24e colonial accourt, et Philip offre à son colonel, profondément ému, la tranchée qu'il a si vaillamment conquise. Devant toutes les troupes le caporal reçoit la médaille militaire.

Quelques jours après l'héroïque soldat a l'épaule fracassée par un coup de revolver que lui tire un officier du kaïser, qu'il voulait faire prisonnier, et auquel il eut encore la joie de briser le crâne avec la crosse de son fusil.

Philip, qui a été cité à l'ordre du jour de l'armée, est maintenant convalescent à Perpignan, et il n'a qu'une hâte, retourner sur le front.

Dépêches officielles

Premier Communiqué

De la mer du Nord à Ypres, aucune attaque d'infanterie.

Entre Langemarck et Zonnebeke, nous avons gagné du terrain. Aux abords de La Bassée, les troupes indiennes ont repris à l'ennemi des tranchées qui leur avaient été enlevées la veille au soir.

De La Bassée à Soissons, calme à peu près complet.

Nous avons légèrement progressé près de Berry-au-Bac et en Argonne.

A Béthincourt, nord-ouest de Verdun, une attaque allemande a été repoussée. Une suspension d'armes, demandée par l'ennemi, lui a été refusée.

Dans la région de Pont-à-Mousson, notre artillerie a pu bombarder Arnaville.

Aucun incident dans les Vosges.

Deuxième Communiqué

Journée calme. Aucune modification sur l'ensemble du front.

26 NOVEMBRE 1914

Le Président de la République remet la médaille militaire au général Joffre. — Nouveau bombardement d'Arras par les Allemands. — Attaque allemande contre Missy repoussée. — Le cuirassé anglais « Bulwark » fait explosion à Sheerness.

Situation des armées sur le front occidental

La situation ne s'est pas modifiée sur l'ensemble du front, la canonnade a plutôt diminué d'intensité. Une attaque allemande contre le village de Missy, dans l'Aisne, a complètement échoué. Les mouvements des troupes allemandes se continuent en Belgique et tout semble indiquer que ce sera dans la région d'Ypres que se produira le gros de l'offensive allemande. On espère toutefois que ce sera la dernière et suprême tentative ennemie sur ce point, avant sa retraite finale. Suivant les dernières nouvelles, les renforts allemands envoyés en Flandre seront de trois corps d'armée, soit 120.000 hommes, avec de la cavalerie ; la ligne de l'Yser a été considérablement renforcée.

Des aviateurs allemands ont survolé Dunkerque hier, ils ont jeté des bombes sur des navires sans causer du reste aucun dommage.

F. B.

Nouvelles diverses publiées par les journaux

— Le 22 novembre, un avion allemand a survolé le village de Clair-Marais se dirigeant sur Saint-Omer ; il a été poursuivi par un avion français qui l'a obligé à atterrir. Les deux officiers qui le montaient ont été faits prisonniers.

— On mande d'Amsterdam que le bombardement des positions allemandes sur les côtes de Belgique est continué par la flotte anglaise. On dit également que le prince de Wied, ex-roi d'Albanie, a un commandement dans les troupes allemandes de Belgique.

— Les Allemands mettent en état de défense, dans le Sleswig, l'ancienne ligne des fortifications danoises ; ils craignent, paraît-il, un débarquement de troupes sur les côtes du Sleswig.

— Sur la Wartha, la déroute allemande continue, un corps d'armée, soit environ 50.000 hommes, s'est rendu tout entier ; un autre corps d'armée est également entouré. L'empereur d'Allemagne aurait, paraît-il, assisté de la hauteur d'Obernlagen à la défaite de ses troupes par les armées russes.

Dans les Karpathes, les forces autrichiennes sont enveloppées et les armées russes ont pénétré en Hongrie.

— On mande de Rome qu'une conférence qui pourra avoir une certaine influence sur l'attitude de l'Italie dans le conflit, a eu lieu entre les chefs d'état-major de l'armée et de la marine, le président du conseil et le ministre des affaires étrangères.

Documents historiques, récits et anecdotes

— LE SAC DE REVIGNY. — Visitant dernièrement le vaste champ de bataille de la Marne, je me suis arrêté à Revigny, ou plutôt au milieu des ruines de ce qui était, il y a quelques mois, la jolie petite ville de Revigny. C'est une ineffaçable vision d'épouvante. Un des habitants restés dans la commune pendant le bombardement et l'occupation allemande m'a retracé les péripéties du drame dont elle fut le théâtre :

« Le dimanche 6 septembre, l'ennemi plaça son artillerie à 6 kilomètres de Revigny, sur la côte de Vroil, et, vers 11 heures du matin, commença le feu. Ce fut le centre du bourg qui reçut les premiers obus incendiaires ; bientôt les flammes montèrent des maisons et le tiers du pays fut détruit ce jour-là. Les obus tombaient sans arrêt. Des patrouilles de chasseurs qui circulaient encore dans nos rues furent atteintes et plusieurs soldats mortellement blessés. On ramena un officier, le sous-lieutenant de Fouchecour, qui avait une cuisse broyée ; il mourut le lendemain à l'ambulance installée dans un pensionnat où une cinquantaine de blessés avaient été transportés.

« A deux heures de l'après-midi, parurent les premiers uhlans, précédant de quelques heures les colonnes allemandes. Celles-ci, conduites par un brillant état-major, firent leur entrée, musique en tête. On m'affirma que le kronprinz était parmi les officiers, mais qu'il ne resta que quelques heures dans notre pays, ne s'y trouvant pas bien en sûreté ; il s'enfuit dans son terrier de Villers-aux-Vents, d'où il assista à l'anéantissement de notre malheureux village. Je ne donne toutefois cette présence que sous toute réserve, car elle n'a jamais été reconnue officiellement ; ce qu'il y a de certain, c'est qu'aussitôt l'arrivée des Allemands l'incendie s'étendit avec une terrible rapidité.

« Il sembla cependant s'arrêter le lundi 7, dans la matinée ; ce jour-là, les habitants ne furent pas trop molestés, mais le pillage commencé la veille continua. Mais dans la nuit, l'incendie, activé par un vent très violent, s'étendit sur le deuxième tiers du pays. Mardi, vers sept heures du matin, des flammes montèrent au sommet du clocher de l'église qui s'écroula bientôt avec fracas, toute la charpente de ce bel édifice du XVe siècle n'étant plus qu'un vaste brasier ; les cinq cloches fondirent et le buffet d'orgues fut réduit en cendres.

« A côté de l'église se trouvait l'ambulance citée tout à l'heure ; les Allemands enlevèrent rapidement les blessés et les transportèrent dans l'ancien château de la Grandière, situé à 150 mètres du pays. Mme Hannion, la propriétaire, resta courageusement, pendant six jours, avec deux domestiques âgés, les époux Humbert, au milieu des blessés français et allemands, prodiguant à tous ses soins dévoués. A peine les derniers blessés étaient-ils sortis du pensionnat que cette maison devenait la proie des flammes. Les Allemands y avaient laissé trois cadavres, le lieutenant Chaumereuil, le sous-lieutenant Fouchécourt et un de leurs officiers ; les corps étaient déposés dans la cour, sur de la paille, qui prit feu et brûla leurs vêtements ; c'est seulement quelques jours après que les malheureux furent aperçus par des habitants et enterrés dans le jardin du pensionnat.

« La canonnade fut très vive pendant toute la journée ; les obus passaient sans relâche au-dessus du pays.

« Le soir et le lendemain, les Allemands continuèrent à piller les maisons épargnées par le feu : linge, vêtements, ustensiles de cuisine, literie, bouteilles de vin, objets de valeur, tout fut entassé dans des voitures et des automobiles spécialement destinées à cet usage et disparurent promptement. Les soldats ivres se promenèrent dans les rues en chantant et en dansant et plusieurs personnes furent molestées par ces brutes. Parmi les maisons pillées se trouve celle de M. Maginot, député de Bar-le-Duc.

« Les Allemands prirent comme otages cinq habitants de la commune, dont une femme. On ignore encore le sort de trois de ces malheureux.

« Le jeudi 10, nous aperçûmes un avion au-dessus du pays. Vous pensez quelle fut notre joie lorsque nous reconnûmes qu'il était français et avec quelle anxiété nous suivîmes ses évolutions et celles des Allemands. Ceux-ci déchargèrent aussitôt fusils et mitrailleuses sur le hardi aviateur qui continua d'évoluer paisiblement, passant et repassant au-dessus de nos maisons, semblant narguer les Boches. Il laissa tomber du côté nord une bombe qui ne fit de mal à personne ; puis piquant vers le sud-ouest, au-dessus d'un terrain où des dragons allemands venaient de mettre pied à terre, il lâcha deux bombes. Celles-ci portèrent ; une trentaine d'hommes furent tués ou blessés mortellement, ainsi que trente-cinq chevaux.

« Ce coup de maître jeta l'épouvante parmi les Boches. Rendus furieux, ils jurèrent de se venger sur nous, de détruire le reste du pays et de fusiller les habitants. Ils n'eurent heureusement pas le temps d'exécuter leurs menaces, car, la nuit suivante, ils se replièrent en toute hâte vers la forêt d'Argonne. Nos troupes avaient gagné la bataille de la Marne.

« Quelques patrouilles de uhlans rôdèrent bien encore dans les rues, la journée du 11 ; mais le samedi matin, il ne restait plus un seul Allemand dans la commune. Nous étions enfin délivrés de notre cauchemar et les soldats français firent leur apparition.

« Des voitures d'ambulance ne tardèrent pas à arriver pour enlever nos blessés qui, depuis le dimanche 6, n'avaient reçu que des soins très sommaires des infirmiers allemands. Ces blessés furent évacués sur Bar-le-Duc.

« Pendant cette semaine de douleur, plusieurs habitants se signalèrent par un courage et un dévouement à toute épreuve : Mme Roussel, par exemple, et le curé doyen de Revigny qui donna des soins empressés aux blessés. » — (Du *Petit Journal*.)

Dépêches officielles

Premier Communiqué

La journée du 25 novembre n'a été marquée par aucun fait important.

Dans le Nord, la canonnade a diminué d'intensité et aucune attaque d'infanterie n'a été dirigée sur nos lignes, qui ont légèrement progressé sur certains points.

Dans la région d'Arras, continuation du bombardement sur la ville et sur ses faubourgs.

Sur l'Aisne, l'ennemi a tenté une attaque contre le village de Missy ; elle a complètement échoué avec des pertes sérieuses pour les Allemands.

Nous avons réalisé quelques progrès dans la région à l'ouest de Souain.

Dans l'Argonne, en Woëvre, en Lorraine et dans les Vosges, calme à peu près complet sur tout le front. La neige est tombée abondamment, surtout dans les parties les plus élevées des Vosges.

Deuxième Communiqué

En Belgique, calme complet. Au centre, canonnades sans attaque d'infanterie. Rien à signaler en Argonne. Petit engagement à l'est de Verdun.

---

27 NOVEMBRE 1914

Attaques allemandes repoussées au sud de Dixmude. — M. Millerand, ministre de la guerre, visite Belfort, Montreux-Vieux et Dannemarie. — La déroute allemande s'accentue en Prusse orientale.

Situation des armées sur le front occidental

On signale, sur l'ensemble du front, un ralentissement du feu de l'artillerie allemande, sauf sur Reims, où le bombardement s'est accentué, surtout pendant une visite de la ville par les journalistes des pays neutres. Les espions ont-ils eu connaissance de cette visite par leurs espions ? C'est fort probable. Ils ont voulu fêter à leur manière l'arrivée des journalistes. C'est la manière forte chère aux Allemands.

Par contre, des attaques d'infanterie, toutes repoussées du reste, ont été dirigées contre nos lignes avancées de la rive droite de l'Yser, entre Nieuport et Dixmude, et dans l'Argonne.

Est-ce le prélude du gros effort allemand qu'un officier, fait prisonnier, a annoncé pour le 29 novembre au plus tard ? C'est ce que nous saurons bientôt.

Un télégramme de Rotterdam ayant laissé entrevoir un changement de tactique chez les Allemands qui feraient succéder aux combats de tranchées les opérations en rase campagne, le général Bonnal, dans le *Matin,* expose que leurs chances de victoire n'augmenteront pas pour cela, en raison de la supériorité de notre artillerie.   F. B.

Nouvelles diverses publiées par les journaux

— Les Allemands ont fait évacuer la prison de Loos, près de Lille; les prisonniers valides ont été envoyés en Allemagne, les autres ont été mis en liberté.

— Le maréchal von der Goltz, gouverneur de Bruxelles, a été blessé par une balle, alors qu'il revenait de visiter des tranchées ; il a été atteint au visage.

— Le gouvernement australien a fait parvenir une somme de 2.500.000 francs pour les Belges malheureux.

— Il paraît que les aviateurs anglais qui ont accompli un raid extraordinaire à Friedrichshafen ont causé des dommages considérables aux hangars à zeppelins. L'incendie allumé par les bombes a été éteint à grand'peine et il y aurait plusieurs zeppelins de détruits.

— On persiste à croire qu'un engagement naval entre les flottes française et autrichienne a eu lieu dans l'Adriatique, à hauteur de Lissa, le 23 novembre. Une forte canonnade a été entendue, les détails manquent.

— Le cuirassé anglais *Bulwark* a sauté, en rade de Sheerness, par suite d'une explosion qui s'est produite à bord ; il y a 800 victimes, 12 marins seulement ont pu être sauvés.

— *En Russie.* — Le communiqué officiel de l'état-major est très modeste, si on le compare aux télégrammes qui parviennent par la voie italienne. Il dit que la bataille de Lodz continue ; que l'avantage reste acquis aux troupes russes ; que les efforts des Allemands tendent à faciliter la retraite de ceux de leurs corps qui reculent maintenant dans des conditions très défavorables pour eux. De leur côté, les journaux italiens annoncent que les communications entre Allemands et Autrichiens sont rompues. Les armées russes marchent sur Breslau, Posen, Thorn. La défaite austro-allemande est colossale, décisive. La chute de la forteresse de Przemysl est imminente.

— En Turquie d'Asie : L'état-major du Caucase annonce que dans la direction d'Erzeroum la poursuite de l'ennemi, battu et en fuite, est terminée.

— Les croiseurs américains dans le Levant ont reçu toute latitude de leur gouvernement, qui leur laisse l'initiative de toutes mesures nécessaires pour la protection des citoyens américains.

Documents historiques, récits et anecdotes

— SUR LE FRONT. — *Le Président de la République décore le général Joffre de la médaille militaire.* — Le Président de la République, le Président du Sénat, le Président de la Chambre des députés, le Président du Conseil et le Ministre de la guerre sont partis ensemble de Paris, en automobile, pour aller rendre visite aux armées, le 26 novembre.

Ils se sont d'abord arrêtés au grand quartier général. Le Président de la République a remis la médaille militaire au général Joffre.

M. Poincaré a prononcé, à cette occasion, le discours suivant :

« Mon cher Général,

« Il m'est très agréable de vous remettre aujourd'hui, en présence de MM. les Présidents des Chambres, de M. le Président du Conseil et de M. le Ministre de la guerre cette simple et glorieuse médaille qui est l'emblème des plus hautes vertus militaires et que portent avec la même fierté généraux illustres et modestes soldats.

« Veuillez voir dans cette distinction symbolique un témoignage de la reconnaissance nationale.

« Depuis le jour où s'est si remarquablement réalisée, sous votre direction, la concentration des forces françaises, vous avez montré, dans la conduite de nos armées, des qualités qui ne se sont pas un instant démenties : un esprit d'organisation, d'ordre et de méthode, dont les bienfaisants effets se sont étendus de la stratégie à la tactique, une sagesse froide et avisée, qui sait toujours parer à l'imprévu, une force d'âme que rien n'ébranle, une sérénité dont l'exemple salutaire répand partout la confiance et l'espoir.

« Je répondrai, j'en suis sûr, à vos désirs intimes en ne séparant pas de vous, dans mes félicitations, vos fidèles collaborateurs du grand quartier général, appelés à préparer, sous votre commandement suprême, les opérations de chaque jour et absorbés, comme vous, dans leur tâche sacrée. Mais, par delà les officiers et les hommes qui m'entourent en ce moment, ma pensée va rejoindre sur toute la ligne de front, des Vosges à la mer du Nord, les admirables troupes auxquelles je dois rendre, demain et les jours suivants, une nouvelle visite, et je traduirai certainement, mon cher général, votre propre sentiment, si je reporte sur l'ensemble des armées une part de l'honneur que vous avez mérité.

« Dans les rudes semaines que vous venez de passer, vous avez consolidé et prolongé, par la défense des Flandres, la brillante victoire de la Marne; et grâce à l'heureuse impulsion que vous avez su donner autour de vous, tout a conspiré à vous assurer de nouveaux succès : une parfaite unité de vues dans le commandement, une solidarité active entre les armées alliées, un judicieux emploi des formations, une coordination rationnelle des différentes armes ; mais, ce qui a plus particulièrement servi vos nobles desseins, c'est cette indomptable énergie morale qui se dégage de l'âme française et qui met en mouvement tous les ressorts de l'armée.

« Irrésistible force d'idéal qui, depuis le début de la campagne, a permis à nos troupes de développer leurs qualités acquises et d'en gagner de nouvelles, de s'adapter à la pratique de l'organisation défensive sans perdre leur mordant, de résister également à la fatigue des combats ininterrompus et à la courbature des longues immobilités, de se perfectionner, en un mot, sous le feu de l'ennemi, tout en conservant, au milieu des mille nouveautés de la guerre, leur entrain, leur fougue et leur bravoure.

« Le jour où il deviendra possible de passer en revue quelques-uns des actes de dévouement et de courage qui s'accomplissent quotidiennement parmi vous, il sera démontré par les faits que jamais, au cours des siècles, la France n'a eu une armée plus belle et plus consciente de ses devoirs. Cette armée, d'ailleurs, ne se confond-elle pas avec la France elle-même ? et n'est-ce pas la France, la France tout entière, sans acception de partis ou de conditions sociales, qui s'est levée à l'appel du gouvernement de la République, pour repousser une agression perfidement préméditée ? Tous les citoyens groupés sous les drapeaux n'ont plus qu'un cœur et qu'un esprit ; et les vies individuelles sont prêtes à s'anéantir devant l'intérêt général. Dans ce sublime élan d'un peuple libre, les représentants du pays n'ont pas été les moins jaloux de payer leur dette à la patrie, et les Présidents qui sont venus offrir aujourd'hui à l'armée les vœux des deux assemblées souffriront que je me joigne à eux pour envoyer d'ici un souvenir ému aux membres du Parlement tombés, morts ou blessés, sur les champs de bataille. »

« Les deuils et les horreurs de cette guerre sanglante n'attiédiront pas l'enthousiasme des troupes ; les pertes douloureuses que subit la nation ne troubleront pas sa constance et ne feront pas chanceler sa volonté. La France a épuisé tous les moyens pour épargner à l'humanité une catastrophe sans précédent ; elle sait que, pour en éviter le retour, elle doit, d'accord avec ses alliés, en abolir définitivement les causes ; elle sait que les générations actuelles portent en elles, avec le legs du passé, la responsabilité de l'avenir ; elle sait qu'un peuple ne tient pas tout entier dans une minute, si tragique soit-elle, de son existence collective et que, sous peine de désavouer toute notre histoire, nous n'avons pas le droit de répudier notre mission séculaire de civilisation et de liberté.

« Une victoire indécise et une paix précaire exposeraient demain le génie français à de nouvelles insultes de cette barbarie raffinée qui prend le masque de la science pour mieux assouvir ses instincts dominateurs. La France poursuivra jusqu'au bout, par l'inviolable union de tous ses enfants, et avec le persévérant concours de ses alliés, l'œuvre de libération européenne qui est commencée, et lorsqu'elle l'aura couronnée, elle trouvera, sous les auspices de ses morts, une vie plus intense dans la gloire, la concorde et la sécurité. »

Dépêches officielles

Premier Communiqué

Dans la journée du 26 novembre, le ralentissement du feu de l'artillerie ennemie a été partout constaté.

Deux attaques d'infanterie, dirigées contre les têtes des ponts que nous avons jetés sur la rive droite de l'Yser, au sud de Dixmude, ont été facilement repoussées.

Aucune action sur le reste du front en Belgique et jusqu'à l'Oise, non plus que sur l'Aisne ni en Champagne. Toutefois Reims a été bombardé assez violemment pendant une visite de la ville par des journalistes des pays neutres.

Dans l'Argonne, quelques attaques d'infanterie ont abouti à la perte et à la reprise de quelques tranchées. Les effectifs engagés n'ont jamais atteint un bataillon ; le terrain perdu et regagné n'a jamais dépassé 25 mètres.

Sur les Hauts-de-Meuse et dans les Vosges, rien à signaler.

Deuxième Communiqué

Journée calme; rien à signaler.

28 NOVEMBRE 1914

Attaque allemande repoussée au sud d'Ypres. — Autre attaque repoussée au Ban-de-Sapt (Vosges). — Mort de l'ancien ministre italien marquis Visconti Venosta.

Situation des armées sur le front occidental

Rien dans les communiqués officiels et dans la presse ; on nous indique le début de grosses opérations allemandes sur notre front, opérations annoncées et qui se préparent probablement sans bruit. De notre côté, chaque jour nous complétons nos préparatifs, de résistance d'abord, et ensuite de poursuites, car il est probable que l'expulsion des ennemis hors de France suivra de près la ou les grandes batailles qui vont inévitablement se livrer.

Tout en se disposant à nous culbuter et à s'ouvrir un passage sur Calais et peut être même sur Paris, les Allemands préparent leur ligne de retraite en Belgique.

On nous signale que dans la journée d'hier notre artillerie a abattu un biplan allemand monté par trois aviateurs. En outre, notre artillerie lourde a infligé, en Champagne, des pertes sérieuses à l'artillerie ennemie.

Les Allemands commencent à se servir, paraît-il, de canons silencieux ; ces engins, qui ne doivent pas donner un résultat extraordinaire, fonctionnent sans doute à l'air comprimé ou par quelque combinaison mécanique ; ils ne doivent guère pouvoir s'employer que dans la lutte de tranchées.

Les troupes françaises ont détruit un pont de bateaux jeté par les Allemands sur la Meuse, à quelques kilomètres de Lunéville.

F. B.

Nouvelles diverses publiées par les journaux

— On avait annoncé, vers le 4 novembre, une bataille navale dans la Baltique et aucune explication n'avait été encore donnée à ce sujet. Il se confirme que plusieurs navires russes, commandés par l'amiral Vonessern, s'étaient glissés par ruse parmi les navires allemands. Ce résultat acquis, ils ouvrirent le feu sur ceux-ci, coulèrent plusieurs torpilleurs et un croiseur cuirassé et se retirèrent ensuite sans dommage sérieux. Le même jour, le cuirassé *Wilhelm der Grosse* aurait heurté une mine et aurait coulé.

— Un télégramme de Rome annonce que le marquis Visconti Venosta, ancien ministre italien des affaires étrangères, grand ami de la France, est mort à Rome ce matin, 28 novembre, à 9 heures et demie du matin.

— *En Russie.* — La grande bataille de la Wartha continue, plus désastreuse d'heure en heure pour les Allemands ; des télégrammes particuliers adressés aux grands journaux français et anglais annoncent que le nombre des Allemands tués, blessés et prisonniers est énorme, que dans la région de Strikow, les Allemands ont brûlé tout leur matériel pour qu'il ne tombe pas aux mains des Russes. Ceux-ci se sont cependant emparés d'une grande quantité de canons qui ont été aussitôt utilisés. Le correspondant du *Morning Post* télégraphie : « Quand il nous sera permis de narrer la grande bataille livrée en Pologne, nous aurons à raconter un exploit qui étonnera le monde. »

Un télégramme de Pétrograd annonce que 50.000 prisonniers autrichiens slaves, internés à Kieff, demandent à servir dans l'armée russe et à être envoyés sur le front.

— La grande bataille entre Serbes et Autrichiens, commencée depuis quelques jours dans la région de Lazarewatz, se continue dans des conditions avantageuses pour les Serbes. L'armée serbe occupe une position très forte et sa situation permet de croire à un résultat qui lui sera favorable.

Documents historiques, récits et anecdotes

— L'ATTAQUE HÉROÏQUE D'UN PARC D'AVIONS. — Dans la nuit du 9 au 10 septembre, un lieutenant de dragons isolé avec son escadron au milieu des lignes allemandes et réfugié à la ferme Vauberon, apprit la présence d'un parc d'aéroplanes allemands sur la route allant de Vivières à l'usine de la Raperie (entre Soissons et Compiègne).

Au dire des paysans, les aéroplanes avaient atterri vers 19 heures et avaient été rejoints vers 22 heures par un convoi automobile accoté à la route et comprenant sept à neuf voitures.

Le lieutenant décida l'attaque immédiate. Il était 2 heures et demie du matin.

Deux pelotons à pied devaient approcher le plus près possible du convoi, exécuter trois salves et faire taire leurs fusils.

Un peloton à cheval, profitant du désordre consécutif à la surprise, devait s'élancer sur les voitures et charger à la lance ceux qui chercheraient à en sortir.

Un peloton à cheval restait en réserve à la Raperie.

Les deux pelotons à pied purent s'approcher à une quarantaine de mètres des voitures, et le « Wer da » de la sentinelle allemande fut le signal de l'ouverture du feu.

A peine les fusils s'étaient-ils tus, conformément aux ordres reçus, que le lieutenant, chef du peloton à cheval, s'élançait au galop, à la tête de ses hommes, en criant : « Vive la France ! »

Malheureusement, les Allemands n'étaient qu'à demi-surpris. Une mitrailleuse placée en tête du convoi automobile (M) ouvrit le feu.

Les officiers français furent tués, le peloton littéralement anéanti. Aucun des cavaliers ne parvint aux voitures.

Ce que voyant, le lieutenant commandant les deux pelotons à pied les lança à l'assaut.

La mitrailleuse se tut, les pointeurs ayant été tués sur

leur pièce, et les cavaliers français se précipitèrent dans les avions et, serrés en petits groupes auprès de chacun, engagèrent un violent duel de feux à 15 mètres des Allemands qui, couchés en bordure de la route, ripostaient très bravement, en poussant de véritables hurlements.

Ce faisant, les sapeurs, munis de leurs outils et préalablement instruits, s'acharnaient sur les avions, dont les moteurs, les réservoirs, les appareils de bord furent criblés de coups de pioche. En outre, trois voitures qui devaient contenir de l'essence prenaient feu et éclairaient la scène.

Les avions allemands n'avaient pas d'essence dans leurs réservoirs.

Avant de rompre le combat, car les pertes étaient grandes, le brave officier qui commandait l'attaque, voulut en finir avec la voiture centrale, d'où se hurlaient des commandements, et qui paraissait contenir le chef d'escadrille.

Pendant que le peloton de réserve se retirait avec les quelques hommes qui restaient, notre lieutenant, suivi de trois cavaliers seulement, rampait jusqu'à la voiture, et s'y trouvait nez à nez avec deux hommes, dont un officier.

Ce dernier déchargea aussitôt son browning sur le petit groupe. Les cavaliers tombèrent et le lieutenant eut le bras traversé, mais non sans avoir déchargé son revolver à bout portant, droit dans la poitrine de son adversaire, qui s'effondra.

L'Allemand qui se trouvait aux côtés de ce dernier envoya alors en plein ventre de notre officier un coup de crosse qui l'envoya rouler sur la route; quelques instants plus tard, avec l'aide d'un autre blessé, le lieutenant réussissait à se traîner jusqu'à un champ de betteraves.

Nos pertes avaient été nombreuses. Sur les trois pelotons engagés, dix hommes seulement s'en tiraient indemnes.

Cachés dans un village, ils y vécurent trois jours, en pleines lignes allemandes, et ne furent délivrés que le 13 septembre, lors de l'entrée victorieuse dans la localité d'une division d'infanterie française.

— Extraits des ordres généraux de l'armée. — On publie la proclamation suivante que le généralissime adressa à ses troupes après la victoire de la Marne :

« Ordre général n° 5.

« *Aux troupes de la 6ᵉ armée.*

« La 6ᵉ armée vient de soutenir pendant cinq jours entiers, sans interruption ni accalmie, la lutte contre un adversaire nombreux et dont le succès avait jusqu'à présent exalté le moral. La lutte a été dure, les pertes par le feu, les fatigues, dues à la privation de sommeil et parfois de nourriture, ont dépassé tout ce que l'on peut imaginer ; vous avez tout supporté avec une vaillance, une fermeté et une endurance que les mots sont impuissants à glorifier comme elles le méritent.

« Camarades, le général en chef vous a demandé, au nom de la patrie, de faire plus que votre devoir : vous avez répondu au delà même de ce qui paraissait possible. Grâce à vous, la victoire est venue couronner nos drapeaux. Maintenant que vous en connaissez les glorieuses satisfactions, vous ne la laisserez plus échapper.

« Quant à moi, si j'ai fait quelque bien, j'en ai été récompensé par le plus grand honneur qui m'ait été décerné dans une longue carrière : celui de commander des hommes tels que vous.

« C'est avec une vive émotion que je vous remercie de ce que vous avez fait, car je vous dois ce vers quoi étaient tendus depuis quarante-quatre ans tous mes efforts et toutes mes énergies : la revanche de 1870.

« Merci à vous et honneur à tous les combattants de la 6ᵉ armée.

« Claye (Seine-et-Marne), 10 septembre 1914.

« Signé : Joffre.

« Contresigné : Maunoury. »

Dépêches officielles

Premier Communiqué

En Belgique, les combats d'artillerie se sont poursuivis, dans la journée du 27, sans incidents particuliers. L'artillerie lourde allemande montre moins d'activité. Une seule attaque d'infanterie, au sud d'Ypres, que nos batteries ont repoussée.

Vers le soir, notre artillerie a abattu un biplan allemand monté par trois aviateurs. L'un a été tué, les deux autres ont été faits prisonniers.

Dans la région d'Arras, et plus au sud, aucun changement.

Journée très calme dans la région de l'Aisne. En Champagne, notre artillerie lourde a infligé à l'artillerie ennemie des pertes assez sérieuses.

De l'Argonne aux Vosges, rien à signaler.

Deuxième Communiqué

Journée analogue à la précédente. Rien à signaler.

---

29 NOVEMBRE 1914

Nouveau bombardement de Soissons par les Allemands. — Le général allemand von Hindenburg est nommé feld-maréchal. — Deux vapeurs anglais sont coulés dans la Manche par un sous-marin allemand. — Le Président de la République visite Nancy et Verdun.

Situation des armées sur le front occidental

Hier, sur l'ensemble du front, on a constaté un regain d'activité. Combats d'artillerie un peu partout et surtout

— 52 —

dans l'extrême nord, combats d'infanterie sur divers autres points. Nous avons refoulé les Allemands au nord et au sud d'Ypres et résisté à une attaque violente au nord d'Arras. Repoussées également trois attaques allemandes dans les Vosges, contre le Ban-de-Sapt.

Toute l'attention se concentre encore sur les événements qui se passent dans le Nord et sur les mouvements des troupes allemandes en Belgique. Les renseignements sur ces mouvements de troupes qui, presque toujours, nous parviennent de Hollande, sont bien contradictoires et comme tels sont sujets à caution. Aujourd'hui on nous annonce d'Amsterdam que de nombreuses troupes allemandes, opérant en France, ont été récemment envoyées dans le plus grand secret vers le front oriental via Luxembourg. Une question se pose aussitôt. Sur quel point du front a-t-on pris ces nombreuses troupes allemandes, dès lors que l'ennemi résiste ou attaque un peu partout sur l'ensemble du front et qu'il est de toute évidence qu'il se prépare à un gros effort entre Ypres et Arras ? Nous saurons cela dans quelques jours, par un communiqué anglais ou français, lorsque l'intérêt de la défense nationale ne sera plus en jeu.

F. B.

Nouvelles diverses publiées par les journaux

— A la date du 27 novembre, le Président de la République, accompagné des Présidents de la Chambre et du Sénat et du Président du Conseil, a visité les bivouacs. Il a remis, sur le terrain, le grand cordon de la Légion d'honneur au général Langle de Cary et les insignes de grand-officier aux généraux Sarrail, Gérard et Rabier.

— M. Girod, député du Doubs, chef de bataillon, aviateur militaire, est inscrit au tableau spécial de la Légion d'honneur pour faits de guerre.

— Le ministre de la guerre fait connaître que l'infanterie absorbera presque entièrement le contingent de la classe 1915 qui va être appelée sous les drapeaux le 20 décembre.

— Parmi les officiers allemands prisonniers à Agen se trouve le prince Sieghart-Caraloth, lieutenant attaché au grand état-major allemand.

— On télégraphie de Zurich que sept soldats français qui se sont évadés du camp de Donausschingen (Grand-Duché de Bade), sont passés en Suisse se rendant en France.

— Le 26 novembre, le vapeur anglais *Malachite* se rendait au Havre lorsqu'il fut abordé, au nord-ouest de la Hève, par un sous-marin allemand. Il fut accordé dix minutes à l'équipage pour se réfugier dans les chaloupes et le bateau fut coulé. Les matelots joignirent le Havre à force de rames.

— Le 28 novembre, le navire charbonnier *Primo* a été coulé dans les mêmes conditions par le sous-marin allemand *U-21*, à hauteur de Fécamp, les marins anglais ont débarqué à Fécamp. Des contre-torpilleurs français sont partis à la recherche du sous-marin.

— Aujourd'hui, le chalutier à vapeur *Nestor*, battant pavillon norvégien, et plusieurs autres chalutiers ont été surpris immergeant des mines sur les côtes nord de l'Irlande ; ils ont été amenés à Fleet-wood.

— Un journal italien publie un récit du commandant du navire italien *Maria C.* qui vient d'arriver à Naples venant de Bombay. Le commandant raconte qu'à son départ de Bombay il a été suivi par un convoi de quarante navires anglais et français qui transportaient un corps de 60.000 hindous. Ces navires étaient escortés par deux cuirassés anglais.

— *En Russie*. — La bataille de la Wartha se continue avec le plus grand acharnement de part et d'autre. Les Russes cherchent à réduire les corps d'armée qu'ils ont encerclés et les Allemands font tous leurs efforts pour se dégager et faire jonction avec les troupes de renfort envoyées à leur secours, mais le flot russe grossit toujours. On fait connaître de Copenhague qu'un ingénieur civil russe de Varsovie qui se trouve en ce moment à Copenhague a dit que dans les cinq dernières semaines, Varsovie a été traversée jour et nuit, sans interruption, par des colonnes de troupes marchant dans la direction de l'ouest.

— En Bukovine, les Russes se sont à nouveau emparés de Czernowitz après un violent bombardement.

— L'empereur Guillaume vient de nommer feld-maréchal le général von Hindenburg, commandant en chef des troupes qui combattent contre les Russes en Pologne.

— En Turquie d'Asie, une armée turque de 70.000 hommes, commandée par Izzet-pacha, est en route dans la direction du canal de Suez.

— On télégraphie de Cettigne que pendant les journées des 24, 25, 26 et 27 novembre les Monténégrins ont repoussé victorieusement 10.000 Autrichiens qui voulaient forcer le passage entre Vichégrad et Makal.

Documents historiques, récits et anecdotes

— ATTAQUE ALLEMANDE REPOUSSÉE PAR LES GURKAS A LA BASSÉE (NORD). — A 300 mètres au sud du canal de La Bassée, les tranchées occupées par les Anglais font face aux tranchées allemandes, distantes les unes des autres d'environ 2 kilomètres.

Tous deux sont dans un bois qui recouvre également la zone qui les sépare. Aussi les deux camps se trouvent-ils continuellement sur le qui-vive, par suite de la facilité avec laquelle l'ennemi peut, à l'ombre des arbres, s'avancer sans être vu.

Tout à coup, au loin, apparaît un groupe de cavaliers arrivant au grand trot et, loin derrière eux, une longue colonne de fantassins, puis des mulets portant des mitrailleuses.

Ce sont les Indiens qui ont traversé les mers et viennent à l'appel de leur empereur, afin d'aider leurs grands frères, les Anglais, à lutter contre la barbarie teutonne. Des hourrahs les accueillent.

A ce moment, un ronflement se fait entendre et la petite

troupe aperçoit un taube qui survole la plaine, la parcourant dans toute sa longueur, puis, il disparaît et regagne les lignes allemandes.

Les Anglais quittent leurs tranchées et les abandonnent aux nouveaux venus, qui en prennent possession.

Immédiatement, des sentinelles sont placées aux abords du camp.

Pendant ce temps, renseigné par l'aviateur qui avait observé l'arrivée des troupes indiennes, l'état-major allemand décide d'attaquer les tranchées le soir même. Il veut les écraser et, sous un torrent de feu, les anéantir.

On lui en oppose un nombre quatre fois plus grand. Il n'est pas besoin d'éclaireurs, puisqu'on sait l'endroit où se trouvent les tranchées. On ne peut utiliser les canons, parce que le bois est un obstacle à leur emploi, mais on emmène autant de mitrailleuses qu'il en faut pour cerner l'adversaire et l'anéantir.

On agira rapidement, de façon à broyer l'ennemi d'un seul coup.

Les Allemands sont en route. Tout d'un coup, un long cri est poussé, suivi de détonations. C'est l'avertissement donné par les sentinelles.

L'écho répète et le cri et les détonations.

Comme une trombe les Allemands se précipitent, ils tirent sans savoir si les coups portent, mais ils tirent toujours. Les mitrailleuses crachent du feu, crachent sans cesse.

Le général anglais comprend à l'attaque ce que serait la bataille s'il la laissait s'engager dans ces conditions. Il veut que la première lutte de ses hommes soit une victoire; alors il fait rappeler les sentinelles, puis il ordonne l'évacuation des tranchées. Les soldats se retirent lentement, en maintenant l'adversaire. Puis, sur un ordre, ils s'éparpillent.

Les Allemands occupent maintenant les tranchées indiennes. Mais ce n'est pas suffisant pour le général prussien.

Il donne l'ordre de poursuivre et de tuer avec la baïonnette, avec les balles, peu importe, il faut tuer : il ne doit y avoir ni blessés, ni prisonniers.

L'adversaire ne répond pas, on dirait qu'il a disparu brusquement.

Enfin, le général fait commander la halte et cesser le feu, commandement presque inutile puisque les cartouchières sont vides et que les bandes de cartouches des mitrailleuses ont presque toutes été utilisées.

La colonne fait demi-tour, passe devant les tranchées indiennes que les Allemands occupent, dans lesquelles ils ont établi un de leurs cantonnements, et dont les abords sont bien gardés.

Des sentinelles ont été laissées tout autour du camp enlevé à l'ennemi. Dans la vaste clairière, les hommes vont camper, sous l'abri des tranchées qui les protègent...

Sous le bois, les feuilles frémissent et s'agitent. Les Indiens, qui avaient pris le large et s'étaient aplatis sur le sol à 500 mètres plus loin, pendant que la mitrailleuse faisait rage, se rejoignent. Quelques-uns d'entre eux se chargent des sentinelles, qui tombent sans avoir eu le temps de se reconnaître, égorgées par le terrible couteau que les Gurkas manient avec une si surprenante adresse. Les Indiens avancent alors plus nombreux et on les voit toujours surgir sur les flancs des troupes allemandes. Ils sont à genoux, dans la feuillée, guettant tous ceux qui s'écartent et tout à coup l'un d'eux est aperçu par un allemand qui, tout près de lui, allume son briquet pour fumer. Il se retourne, saisi de frayeur, et distingue deux, puis trois ombres qui saisissent autant de ses camarades. Il jette alors l'alarme:

— Les Indiens ! Les Indiens !

Son cri se répercute. Les soldats se bousculent ; chacun veut occuper le centre de la colonne. La peur est la moitié de la déroute.

Les Indiens sont tous là, se précipitent sur la colonne, surgissent entre les jambes des hommes.

Malgré leur nombre les Allemands ne peuvent lutter, car ils ne voient pas cet ennemi qui les abat un à un.

Des coups de feu sont tirés vers ces fantômes, mais comme à l'aller, les tireurs ont conscience qu'ils n'atteignent personne.

Maintenant, les Allemands ne cherchent même plus à se défendre : ils courent vers leurs tranchées, car ils croient que là ils trouveront un abri et du secours au besoin. Ils courent, tous sans ordre, avec toute la vitesse de leurs jambes.

Les Indiens ont déjà occupé leurs tranchées et égorgent leurs nouveaux occupants. Lorsque les Allemands y arrivent, croyant y trouver leurs camarades, ils se heurtent à une muraille de fer et de feu.

Dans un corps à corps terrible, la défaite des Allemands est si complète que ceux qui en réchappèrent retournèrent au camp prussien tellement frappés de terreur, que les Boches qui avaient combattu cette nuit-là refusèrent de s'attaquer encore aux Indiens.

On dut les changer de tranchées.

Dépêches officielles

Premier Communiqué

Le 28 novembre, la canonnade de l'ennemi a été plus active, mais exécutée surtout avec les pièces de 77 millimètres. Son artillerie lourde a très peu fait sentir son action.

Dans ces conditions, la lutte d'artillerie a tourné partout à notre avantage.

En Belgique, notre infanterie a enlevé divers points d'appui au nord et au sud d'Ypres.

Dans la région au nord d'Arras, une attaque ennemie, menée par trois régiments environ, a définitivement échoué après plusieurs contre-attaques exécutées de part et d'autre.

Entre la Somme et Chaulnes, nous avons marqué de sensibles progrès dans le voisinage du village de Fay ; nos troupes y sont parvenues au contact immédiat des réseaux de fils de fer de la défense.

Dans la région de l'Aisne, entre Vailly et Berry-au-Bac, un groupe de mitrailleuses et une coupole pour pièces de 30 centimètres ont été détruites par nos obus, dont l'un a déterminé une explosion dans une batterie ennemie.

Dans les Vosges, trois contre-attaques allemandes en vue de reprendre le terrain conquis par nous précédemment dans le Ban-de-Sapt ont été successivement repoussées.

Deuxième Communiqué

Calme sur tout le front, sauf dans l'Argonne, où les attaques allemandes n'ont pas eu plus de succès que précédemment.

30 NOVEMBRE 1914

Les Allemands canonnent le bois d'Apremont. — Violents combats au nord d'Arras. — Le ministère de la guerre français publie le « Livre jaune ». — Evacuation de Belgrade par les Serbes.

Situation des armées sur le front occidental

Les dernières nouvelles nous apprennent qu'en Belgique l'ennemi est resté toute la journée d'hier sur la défensive. Si la bataille dans le Nord reprend quelque activité, cette activité est due à l'offensive française dans la région d'Ypres et au sud-ouest d'Ostende et encore la violente

canonnade signalée dans cette dernière région n'est-elle
connue que par un télégramme d'Amsterdam publié par les
journaux.

Il est clair que la bataille des Flandres va entrer dans
une nouvelle phase. Si les Allemands, impressionnés par
leur défaite de Pologne, ne se décident pas à attaquer, les
alliés iront assurément les sortir de leurs retranchements ;
ils auront à choisir et à décider s'ils veulent prendre la
route de Calais ou se retirer sur Bruxelles.

Les Allemands n'ont pas renoncé à faire de Zeebrugge
une base navale et depuis le bombardement anglais ils ont
recommencé leurs préparatifs dans le port.

Le communiqué du 30 novembre nous fait connaître
qu'hier la ville de Soissons a été bombardée d'une façon
intermittente, ainsi que la forêt d'Apremont, en Woëvre.

Il paraîtrait qu'en Alsace nos troupes ont avancé dans ces
derniers jours, quoique les communiqués officiels n'en fas-
sent pas mention. Sous le feu de notre artillerie, les Allemands ont été obligés d'abandonner Seppois, Mooset-Bisel.
Il règne à Colmar une certaine inquiétude en raison de ce
que les Français qui occupent solidement toutes les hau-
teurs des Vosges s'avancent lentement mais progressivement
du côté du Rhin.

F. B.

Nouvelles diverses publiées par les journaux

— Il a été annoncé, il y a quelques jours, que des aviateurs anglais avaient jeté des bombes sur Coutrai. Voici
exactement ce qui s'est passé : Les Anglais ayant appris
que le grand état-major allemand présidé par le Kaiser se
trouvait à Coutrai, des avions réussirent à jeter des bombes
sur l'immeuble qu'il occupait. La panique fut très grande
et l'état-major s'enfuit à Tournai. Il serait maintenant à
Ath.

— Les journaux de Berlin annoncent que le prince Friedrich de Hesse, neveu de l'empereur, qui avait été blessé au début de la campagne, va retourner sur le front. Egalement le grand-duc de Mecklembourg-Strelitz. Le maréchal von der Goltz, gouverneur de Belgique, va partir pour Constantinople comme attaché à la personne du Sultan au quartier général turc.

— *En Russie.* — Le communiqué de l'état-major russe, reçu aujourd'hui, relate que, entre la Vistule et la Wartha, l'ennemi continue à maintenir les positions qu'il a fortifiées vers Strykow et Zgierz, que des combats acharnés ont lieu dans cette région. Sur le front de Cracovie, l'armée autrichienne a été défaite le 26 novembre et repoussée dans la région de la forteresse.

Il résulte donc de ce communiqué que la bataille continue très ardente, mais dans des conditions très favorables pour les Russes, les Allemands ne résistent que grâce aux renforts qui leur arrivent continuellement, mais leurs pertes sont colossales. Les Russes paraissent décidés à briser cette résistance au moyen des effectifs considérables dont ils disposent et aux renforcements continuels de leurs lignes par leurs réserves.

Documents historiques, récits et anecdotes

— LA CAVE TRAGIQUE. — Sur la route qui mène de Nogent-l'Abbesse à Brimont, toute une compagnie de Boches, casques à pointe en arrière, cheminaient. La journée avait été rude, et nos malandrins, épuisés, songeaient avec délice qu'en cette bienheureuse contrée, où se fabrique le champagne, ils pourraient en boire jusqu'à plus soif.

Déjà, à la pâle clarté d'une lune blafarde, les soldats du kaiser, pillards et voleurs, apercevaient les premières maisons d'un village, dont l'aspect cossu devait réaliser à merveille leurs actuelles aspirations.

Un quart d'heure après, ils étaient dans la place, et tous

s'arrêtaient devant une maison d'allure assez coquette qui paraissait être complètement inhabitée.

Crocheter les portes et enfoncer les gonds sont jeux d'enfants pour ces reîtres qui semblent avoir appris le noble métier des armes à l'école des cambrioleurs. Bientôt, toute la soldatesque était installée à demeure, fouillant les meubles, démolissant les armoires et s'emparant de tout ce qui pouvait être à sa convenance.

Mais le principal restait à faire : s'humecter le gosier, et, jusqu'à ce moment, rien n'était apparu aux yeux de ces brutes assoiffées, capables de satisfaire leur vice invétéré. Quelques bouteilles de vin, trouvées dans la cuisine, avaient occasionné une sanglante bataille, et, déjà, la moitié de la troupe s'était éloignée pour se mettre à la recherche d'une maison plus richement dotée en liquides, quand, tout à coup, un de ceux qui se trouvaient encore là, poussa un cri de joie. Dans le cellier, situé au fond du jardin, il venait de découvrir une barrique, aux flancs rebondis, qui paraissait recéler de cette excellente bière brune dont on était depuis si longtemps privé.

Quelle aubaine !

Attirés par les cris, tous les Allemands s'étaient précipités, et leurs regards brillaient à l'aspect de cette proie qui allait être pour eux un régal. Ils étaient là, haletants, la langue pendante; puis, à la fois, ils se précipitèrent.

Une effroyable explosion répondit au premier coup de marteau donné, couchant à terre ou envoyant en l'air cette masse d'hommes qui venaient tous de trouver là une épouvantable mort.

La barrique, pleine de poudre, avait été chargée à mitraille par son propriétaire, qui connaissant les habitudes et les instincts des Boches, venait de leur faire payer cher, en sacrifiant sa maison, leurs vols et leurs pillages.

L'autre bande était déjà loin, sans se douter du sort funeste auquel elle venait d'échapper. Très consciencieusement, les soudards qui la composaient, fouillant un peu partout, venaient de jeter leur dévolu sur une maison d'aspect fort bourgeois. Le siège n'avait pas été long à faire et, sans s'arrêter aux bagatelles de la porte, l'ignoble troupe incendiaire et voleuse avait cru voir s'entr'ouvrir le paradis en apercevant, dans une cave entretenue avec le plus grand soin, en longues et belles rangées, toute une magnifique collection de bouteilles casquées d'or et remplies de champagne.

C'était le rêve ! Très rapidement, les bandits s'étaient dépouillés de tout ce qui pouvait les gêner dans cette aventure. Casques, fusils, sacs et ceinturons avaient été, en un clin d'œil, jetés dans tous les coins et maintenant assis sur leur séant, le dos contre la muraille, gloutonnement, ils absorbaient, les yeux au ciel, le contenu des bouteilles, qui se succédaient sans interruption.

Une heure après rien ne s'entendait plus dans l'immense cave. Les soldats, ivres-morts, cuvaient leur vin et se traînaient en leurs déjections.

La nuit est venue, noire et profonde. Depuis un moment, dans le lointain un sourd grondement se fait entendre, se rapprochant peu à peu, s'accentuant en des roulements de tonnerre. C'est le plus terrible des événements, c'est l'eau qui s'avance, balayant tout ce qui s'oppose à son passage et pénétrant partout.

Les Allemands ont ouvert les écluses du canal qui joint l'Aisne à la Marne, et par une intervention providentielle, ce sont leurs propres tranchées qu'ils viennent de détruire en voulant inonder les nôtres.

Dans la cave où les Teutons dorment maintenant d'un sommeil de plomb, l'eau vient de s'engouffrer à flots par le soupirail.

Le lendemain, les troupes alliées ayant repris le village, trouvaient dans la maison saccagée 65 cadavres d'Allemands aux ventres ballonnés qui avaient trouvé là un horrible tombeau.

— Le cycliste héroïque. — Un officier qui revient du front nous a conté comment un cycliste du 51ᵉ régiment d'infanterie, l'un des régiments du 2ᵉ corps d'armée, a pu supprimer un régiment ! Et s'il était possible de mettre en doute la parole de cet officier, on va voir que cette prouesse *a priori* un peu invraisemblable s'explique à merveille.

Ce cycliste, un intrépide dont nous regrettons de ne pas savoir le nom, s'était chargé, en volontaire, de ravitailler en munitions un détachement du 51ᵉ aux prises avec les Allemands dans la Marne. Il revenait à bicyclette du poste de ravitaillement. Il était surchargé de musettes contenant des cartouches. Mais ce cycliste, il faut le dire, est un coureur doublé d'un athlète.

Près d'Etrepy, il rencontre trois uhlans. Il sauta à la gorge du sous-officier, l'étrangle et abat ensuite les deux cavaliers à coups de fusil, sans être touché. Et il reprend sa route.

Mais un régiment d'infanterie allemand qui l'a découvert le prend pour cible et les balles commencent à tomber autour de lui. Il retourne à Etrepy, obtient du général un ordre rédigé sur ces indications, repart à toute vitesse dans une autre direction et arrive auprès d'une batterie française. Il indique au commandant de cette batterie de 75 l'emplacement exact du régiment d'infanterie allemand qu'il a repéré.

Le 75 entre en action et le régiment est pulvérisé. Satisfait — on le serait à moins — le cycliste repart avec ses musettes de cartouches et va rejoindre ses camarades à toutes pédales. Des débrouillards de ce genre-là on peut croire qu'il leur en manque aux Boches.

Ajoutons que le cycliste a reçu la médaille militaire bien gagnée. — (*Journal d'Amiens*.)

Dépêches officielles

Premier Communiqué

En Belgique, l'ennemi est resté sur la défensive ; la canonnade a été faible et nous avons progressé sur quelques points.

Autour de Fay, nous tenons solidement les points que nous avons occupés le 28.

Dans la région de Soissons, canonnade intermittente contre la ville.

En Argonne, plusieurs attaques sur Bagatelle ont été repoussées par nos troupes.

Brouillard épais sur les Hauts-de-Meuse.

En Woëvre, l'ennemi a bombardé le bois d'Apremont, mais sans aucun résultat.

Dans les Vosges, rien à signaler.

Deuxième Communiqué

Rien à signaler, en dehors de quelques attaques de l'ennemi au nord d'Arras sans résultat.

Le 11ᵉ fascicule paraîtra incessamment.

Réclamer les fascicules précédents.

NIORT. — IMP. TH. MARTIN

TYPO-LITHO.
Gravure

TH. MARTIN
IMPRIMEUR

NIORT
(D. S.)

www.ingramcontent.com/pod-product-compliance
Lightning Source LLC
LaVergne TN
LVHW021725080426
835510LV00010B/1143